Bibliografische Information der Deutschen Nationalbibliothek: Die Deutsche Nationalbibliothek verzeichnet diese Publikation in der Deutschen Nationalbibliografie; detaillierte bibliografische Daten sind im Internet

über dnb.dnb.de abrufbar.

ISBN: 9783738641035

© 2023 Jo Fickle

Herstellung und Verlag: BoD – Books on Demand, Norderstedt

Vorwort

Brüder. Vertraut und fremd. Man sagt: Freunde sucht man sich aus, Familie hat man. Das suggeriert ja, dass Familie und Freunde was Unterschiedliches sind. Und das stimmt auch. Da ist dieses: „Blut ist dicker, als Wasser" aber wahr ist auch: Man macht üblicherweise mehr mit Freunden, als mit der Familie oder den Brüdern.
Klar, als wir klein waren, haben wir oft zusammengehockt, aber spätestens als das andere Geschlecht eine Rolle spielte, ging jeder seiner eigenen Wege.
So auch bei uns.
Aus den Augen verloren haben wir uns eigentlich nie, es gab nur engere und nicht so enge Phasen. Trotzdem ist mir aufgefallen, dass ich über das Leben meiner Brüder wenig weiß. In meiner Autobiografie habe ich immerhin fast 400 Seiten zusammenbekommen und hier sind es nur wenige.

Vieles fehlt natürlich und manches wird falsch sein, aber es sind MEINE Erinnerungen.

Micha

Michael ist mein ältester Bruder. Er wurde als Zwilling mit unserem Bruder Hartmut in Kiel geboren. Kiel war eine Zwischenstation meiner Eltern. Sie waren aus Königsberg geflohen (meine Mutter) und aus der russischen Kriegsgefangenschaft dorthin gekommen.

In Kiel hatte der Großvater eine Kirchengemeinde und das Pfarrhaus im Knooper Weg war die erste Adresse von Michael. Unser Bruder Hartmut war schon bei seiner Geburt zu schwach und hat nur ein paar Tage gelebt.

Aber der „Stammhalter" war wohlauf und erlebte seine ersten Tage in Kiel, bevor unser Vater dann 1952 nach Düsseldorf übersiedelte. Er war während des Krieges in Gerresheim und Erkrath gewesen und hatte sich irgendwie in die Stadt und die Rheinische Lebensart verliebt, daher der Umzug. Ein Zwist mit seinem Vater kann auch Grund gewesen sein. Henry war Musiker und spielte in Etablissements, die nicht zu der christlichen Einstellung seines Vaters passten.

Ich habe keine Ahnung, was Micha so in der Wohnung in der Königsallee gemacht hat, aber es war mit Sicherheit nicht einfach.

Wohnraum in Düsseldorf war nach dem Krieg sehr knapp und wurde hoch gehandelt. Die Wohnung in der Königsallee 104 war im 4. Stock Altbau und war eigentlich der notdürftig ausgebaute Dachboden des Hauses. Es gab ein kleines Wohnzimmer, ein Schlafzimmer und eine Küche. Dazu kam ein vorher als Hühnerstall genutzter Raum, in den man erst mal eine Türe einbauen musste. Das war das Kinderzimmer. Die schrägen Wände in der Küche waren nicht verkleidet, man sah von unten unter die Dachschindeln. Und eine Toilette gab es nur auf halber Treppe und die wurde mit mehreren anderen Mietparteien geteilt. Alles war sehr sehr basic.

Henry hatte die Wohnung vermittelt bekommen und hat dafür auch eine Vermittlungsgebühr und eine Abstandszahlung leisten müssen. Beides war viel zu hoch gewesen, aber die Neuankömmlinge wurden gnadenlos abgezockt.

Das alles geschah aber, bevor ich am 30.3.53 im Evangelischen Krankenhaus am Fürstenwall geboren wurde.

Der Großvater kam extra aus Kiel angereist und hat mich in der damals neu aufgebauten Friedenskirche in der Florastraße getauft.
Eigentlich ganz interessant, dass ich heute im gleichen Stadtteil wohne, in dem auch das Krankenhaus und die Kirche liegen. Aber das gehört nicht hierher.

Und so bin ich dann im April 53 auch in die Königsallee übergesiedelt und Micha war nicht mehr alleine. Der erste Stunt, der überliefert wurde, war die Geschichte mit dem Wäschekorb.

Der Wäschekorb war in der ersten Phase meines Lebens mein Bett. Da waren irgendwelche Kissen und Decken drin, in denen ich meinen Tag verbrachte, wenn man mich nicht im Kinderwagen durch die Gegend schob. Und natürlich habe ich auch darin meine Nächte verbracht.

Sowas muss für einen 2-3-jährigen unglaublich attraktiv gewesen sein und so kam es auch, dass mein neugieriger Bruder da gerne mal reinschauen wollte. Also hielt er sich am Rand fest und zog sich etwas hoch, um hineinschauen zu können. Und dann passierte, was passieren musste: der Korb kippte und ich stürzte mehrere 100m aus dem Korb auf den Boden.

Alle waren natürlich völlig geschockt (was, wenn der Kleine auf den Kopf gefallen ist??) und ich denke, Micha hat mächtig Ärger bekommen.

Unser Verhältnis aber blieb gut. Als ich dann älter wurde und rudimentär sprechen konnte, freundeten wir uns an. Ich hatte in der Zeit einen Teddy-Bären, den ich Micky nannte. Es war ein typischer Baby-Bär: abgelutscht, schmutzig, ein Auge fehlte, überall abgewetztes Fell.

Aber ich liebte ihn. Und Micky war ein Held, der immer unglaubliche Abenteuer erlebte. Und es ist überliefert, dass ich, als der Kleinere, meinem großen Bruder Geschichten von Micky erzählt habe. Und der hat sie wohl begeistert gehört.

Als ich dann so 3-4 Jahre alt war (Micha ist 1 ½ Jahre älter) waren wir oft alleine. Die Eltern gingen ab und zu in die alte Badeanstalt an der Grünstraße, um da zu baden. Also baden, und nicht schwimmen. Das gab es damals. Kleine Räume mit Badewannen und natürlich auch Duschen. Die wenigsten hatten nach dem Krieg warmes Wasser zuhause und so ging man in die Badeanstalt.

Wir Kinder wurden zuhause in einer alten Zinkwanne gebadet. Auf dem Gasherd wurde warmes Wasser bereitet und das dann, zusammen mit kaltem Wasser in die Wanne gekippt. Und da wurden wir dann erst zusammen, und dann hinterher nacheinander, gebadet.

Wenn aber die Eltern in der Badeanstalt waren oder auch woanders, waren wir alleine zuhause. Natürlich hatten wir viel Angst, wenn da irgendwelche Geräusche waren. Aber wir haben auch zusammen gespielt.

Wir hatten Spielzeugautos, Bauklötze, Stofftiere und irgendwie waren alle Gegenstände für uns mit unserer Phantasie Spielzeuge.

Wenn wir mal mussten, hatten wir einen Pisspott und da hinein machten wir „Klein" und „Groß". Und dieser Pisspott war auch Spielzeug. Ich kann mich erinnern, dass wir da mit einer abgebrochenen Leiter von einem Feuerwehrauto begeistert drin rumgerührt haben. Ein schönes Spiel.

Spannend war auch der Kohleofen. Den (kalten) Ofen haben wir auch mehrfach ausgeräumt und Ruß und Restkohle im Zimmer verteilt. Irgendwie haben wir uns die Zeit vertrieben.

Wir haben auch ‚draußen' gespielt. Unser Revier war ein Teil der Königsallee, die Talstraße und die Adersstraße. Auf einem Platz an der Hüttenstraße stand ein Gemüsewagen. Die Besitzer hatten einen Sohn, Arno. Arno war ein gutes Jahr älter als Micha und ich und lebte an uns seine Aggressionen aus. Jedes Mal, wenn wir ihn trafen, gab es Tritte, Boxhiebe oder Ohrfeigen. Selbst zu zweit konnten wir nichts gegen ihn ausrichten. Und so waren wir dann wirklich froh, als Arno eines Tages von einem durchfahrenden Auto erwischt wurde. Er hat das nicht überlebt und wir waren wirklich froh!

Sonntags gingen wir immer in die Sonntagsschule. Das war irgendeine Sekte, die in der Jahnstraße Räume hatten und die ein Angebot für Kinder gemacht haben. Was wir damals da gelernt haben: keine Ahnung. Wir mussten da hingehen, weil unseren Eltern an unserer christlichen Erziehung viel lag. Es kann aber auch sein, weil sie nach ausgedehnten Feiern in der damaligen „Toni-Bar" ihren Rausch ausschlafen mussten.

Wir waren öfters alleine und für mich war es immer ganz gut, meinen Bruder bei mir zu haben. Ihm wird es nicht anders ergangen sein. Manchmal hat aber auch Marlies auf uns aufgepasst. Marlies war die

Tochter der Nachbarn, die auf dem gleichen Flur lebten. Ich erinnere mich, wie Marlies mal zu meiner Mutter sagte: Sie müssen mich jetzt siezen! Ich bin 16. Daraus schließe ich, dass sie damals wohl 15 Jahre alt war, als sie auf uns aufpasste. Ich kann gar nicht sagen, ob das meine Erinnerung ist oder ob ich sie von Micha habe und nun zu meiner gemacht habe: Pulle Pulle!

Demnach war Pulle Pulle ein Spiel, das wir mit ihr gespielt haben und das im Wesentlichen darin bestand, dass wir sie ‚unten' angefasst haben. Auf der Königsallee war immer was los!

Wir haben auch immer Brötchen, Zigaretten und die Bild-Zeitung für Ida gekauft. Unten im Haus war der Laden von Herrn Siegen, da bekamen wir Zigaretten und die Zeitung (damals kostete die noch 10 PF). Und die Zigaretten haben wir, je nach Finanzlage der Mutter, einzeln gekauft. Overstolz war es am Anfang, hinterher dann Ernte23.

Wir machten das ganz gerne, ungern hingegen gingen wir in den Keller, nach unseren Informationen waren da Ratten drin, die Kinder anfielen und natürlich auch Mörder. Man darf nicht vergessen, dass in der Zeit Heinrich Pommerenke sein Unwesen trieb und Peter Kürten oder Haarmann waren auch nicht so lange her. Und der Keller war sehr dunkel und schmutzig von der ganzen Kohle, die hier gelagert wurde. Ein übler Ort.

Wen wundert es da, dass wir beiden, wahrscheinlich 4- und 5-jährig, zum belebteren Teil der Königsallee gegangen sind. Denn da waren die Radschläger. Die hatten wir beobachtet und gesehen, wie die relativ leicht an Geld gekommen waren.

Die schlugen ihr Rad vor Geschäftsleuten und Touristen und streckten denen dann die schmutzigen Hände entgegen: „Hässe ma n'en Penning? " (Hast du mal einen Pfennig?).

Natürlich spekulierte man eher auf ein 10-Pfenig-Stück, aber irgendwas musste man ja sagen. Und so suchten wir uns auch einen Platz und versuchten unser Glück.

Dieses Geschäftsmodell funktioniert aber besser, wenn man wirklich Radschlagen kann. Die edlen Spender sind nur bereit, die Kohle rauszurücken, wenn ihnen echte Artistik geboten wird. Das, was wir machten, war aber noch nicht mal niedlich. Wir waren also langfristig gezwungen, einen ehrbaren Beruf zu ergreifen.

Dann wurde Micha 6 und kam zur Schule. Ich fand das sehr spannend und freute mich darauf, dass ich auch bald dran sein würde. Micha aber ging in die Grundschule an der Kirchfeldstraße, in der im 2. Weltkrieg eine Außenstelle eines KZ gewesen war,

Und dann kam irgendwann das Jahr 1958 mit 2 großen Ereignissen: Micha fuhr zu seiner Patentante Inge nach Gelnhausen (zwischen Frankfurt und

Fulda) und besuchte die da für ein paar Wochen. Und ich machte mit Ida (Henry war in Schweden) den Umzug in die Lessingstraße.

Die Eltern hatten einen Wohnberechtigungsschein, der bewirkte, dass sie vordringlich eine Wohnung vermittelt bekamen. Und sie hatten sich in eine Warteliste eintragen lassen und eines Tages kam ein Brief mit 2 Adressen, die sich Ida ansehen durfte. Wir fuhren mit ihrer Freundin Gisela zur ersten Adresse: Lessingstraße 2! Das war ein fast fertiger Neubau eines 5-geschossigen Eckhauses. Ein Neubau!! Helle Räume, ein Bad in der Wohnung, eine richtige Küche und sogar einen Balkon.

Die andere Wohnung sah sich Ida gar nicht mehr an. Ich sehe sie noch im Badezimmer auf dem Badewannenrand sitzen, rauchend und mit Gisela über ein Leben in diesem Paradies redend.
Es sollte kein Paradies werden, der nahe Puff und der Bahnhof bewirkten, dass die Gegend nicht so toll war. Überdies war Oberbilk ein Arbeiterviertel mit vielen Kneipen, vielen Betrunkenen und vielen Schlägereien.

Der nahe Bahnhof und vor allem die ca. 80m entfernte Eisenbahntrasse machten auch den Balkon unbenutzbar. Es war sehr laut und der Ruß der Dampflokomotiven ließ sich auf der zum Trocknen aufgehängten Wäsche nieder. Wo wohl die andere Wohnung gewesen wäre?

Nun waren wir also in Oberbilk und Micha wurde umgeschult auf die Schule an der Helmholzstraße. Das war nicht weit von unserer Wohnung entfernt und ca. 1 Jahr später folgte ich ihm.

Nun waren wir zusammen auf einer Schule. Micha war ein ruhiger Schüler und kam ganz gut durch. Ich hatte aber irgendwie Hummeln im Hintern und ging keinem Konflikt aus dem Weg. Auf dem Heimweg gab es öfter mal Rangeleien und ich hätte mir Hilfe erhofft, aber Micha hatte andere Stundenpläne, so hatte ich keine Vorteile davon, dass er auf die gleiche Schule ging.

Diese Rangeleien sind heute fast nicht mehr denkbar. Es wurde gerungen und geknufft (nicht geboxt). Es ging immer darum, den anderen auf den Boden zu zwingen und sich dann, im besten Falle, mit den Knien auf seine Oberarme zu setzen. Kein richtiges Boxen, kein Treten, niemals ins Gesicht schlagen – anders als heute.

Neben der Schule gab es aber auch noch ein anderes Leben.

Unsere Eltern hatten schon sehr früh einen Schrebergarten in Grafenberg. Es war ein recht großer Garten mit Rasenflächen, Beeten mit Obst und Gemüse und Obstbäumen. Dazu gab es ein Gartenhaus aus Stein mit einer Stube und einer Gerätekammer. Ein Plumpsklo krönte den Komfort.

Für uns Kinder war das toll. Wir konnten im Garten spielen (Sandkasten und Schaukel, später eine Tischtennisplatte) aber auch draußen. Die Lenaustraße war damals eine Sackgasse, die am Eingang der Reizensteinkaserne endete und dementsprechend schwach war der Verkehr. Das gab uns Raum für ausgedehnte Schlachten zwischen einem Cowboy und einem Indianer. Und wenn wir nicht gekämpft haben, haben wir die Gegend erkundet.

Und da gab es viel zu sehen und zu tun. Natürlich haben wir auch kleine Steine auf die Straßenbahnschienen gelegt und uns gefreut, wenn die wie eine Pistolenkugel wegflogen. Und dann haben wir es auch mal mit Geldmünzen probiert, die dann (Kupferpfennige) ziemlich plattgedrückt wurden. Damals durfte man auch noch Feuer machen, und wenn Henry dann mal wieder irgendwas anzündete, waren wir natürlich immer dabei.

Aber wir konnten nicht immer spielen, sondern wir mussten auch helfen. Und das waren immer doofe Arbeiten wie Unkrautjäten oder sowas. Es gab dann irgendwann auch mal Geld dafür, aber darauf hätten wir lieber verzichtet.

Im Garten gab es auch einen Arno. Ich hatte ja oben über den üblen Typen berichtet, der uns öfters mal verprügelt hatte, im Garten übernahm diese Rolle ein Schäferhund namens Arno. Er gehörte zu einem Garten, der 5-6 Grundstücke weiter hinten lag und bewachte sein Heim. Das bedeutete, dass er wie eine Kanonenkugel auf das Tor zugeschossen kam, wenn man da mal vorbeiging. Und dann bellte er wie verrückt. Manchmal war auch das Tor nicht richtig zu, dann hatte man ein Problem. Ich bin von ihm 2–3-mal gebissen worden, Micha wahrscheinlich auch. Mich hat das nachhaltig traumatisiert, ich habe heute noch Angst vor Hunden, Micha hat das besser weggesteckt.

Schrödingers Garten: einerseits waren wir froh, da unbeschwert spielen zu können, aber andererseits nervte unser Vater ziemlich mit Verboten und Beschäftigungsansätzen.

Wir hatten aber auch noch andere Spielplätze. In unserer Kindheit gab es unzählige Trümmergrundstücke und viele davon waren nicht kindersicher eingezäunt. Da sind wir dann natürlich reingekrabbelt und haben in den Trümmern und in den teilweise noch erhaltenen Kellern gespielt. Das war immer sehr spannend und gruselig. Es war stockdunkel und man wusste nie, was man da fand. Manchmal waren es „Penner", die da wohnten oder schliefen, mal waren es die übelriechenden Hinterlassenschaften, mal war es einfach Müll und fast immer Mäuse und Ratten. Ich kann mich noch gut an ein riesiges Grundstück an der Grünstraße erinnern, wo wir oft waren.

Unser Revier ging locker bis zur Königsallee, bis zum Worringer Platz, bis zum Stadtbad an der Kettwiger Straße und bis zum Volksgarten. Und natürlich lockte auch das Kaufhaus Defaka mit seiner Spielwarenabteilung und generell die sehr bunte Graf-Adolf-Straße. Unser Standard-Spielplatz war der Lessingplatz. Der bestand aus 2 Teilen: einem großen Spielplatz mit vielen Geräten (darunter ein großes und ein kleines Karussell und ein großes Planschbecken, das im Sommer mit Wasser gefüllt wurde) und aus einem kleinen Park. Dazwischen war ein kleiner Unterstand und das Büro des Parkwächters. Der Lessingplatz war Treffpunkt der Kinder und auch der jugendlichen Rocker. Ich bringe den Spielplatz in Verbindung mit schönen Stunden und mit vielen Prügeleien. Die Gegend war nicht sooo toll.

Aber wir brauchten keine Spielplätze. Wir hatten ja den nahen Bahnhof. Das war toll. Natürlich waren wir von den Dampfloks begeistert und diese Geschäftigkeit auf dem großen Gelände war einfach toll. Wo soll ich da anfangen? Vorne am Eingang waren erst mal die Wartesäle der 1. und der 2. Klasse. In die 1. Klasse sind wir natürlich nicht gekommen, aber in der 2. haben wir uns oft rumgetrieben und Pommes gekauft.

Von hier aus gab es auch einen spannenden unterirdischen Gang, der an den Wasch. Und Duschräumen für die Reisenden vorbeiführte und an einer ganz anderen Stelle des Bahnhofes, sehr weit entfernt von den Wartesälen, wieder zum Tageslicht führte.

Vorne war dann auch die Empfangshalle. Die war durch eine lange Schalter- und Sperrenreihe getrennt von dem Teil, wo es zu den Gleisen und Bahnsteigen ging. Durch diese Sperre kam man nur mit einer Fahr- oder einer speziellen Bahnsteigkarte. Letztere konnte man für 10 Pfennige in einem Automaten ziehen, sie war für Leute gedacht, die Angehörige vom Zug direkt abholen wollten. Und so kamen wir auf die Bahnsteige und ganz nah ran an die Züge. DAS war ein toller Spielplatz.

Aber es ging noch besser. Unten im Ost-Ausgang gab es ein Kino. Das Ali-Kino war billig (50 Pfennige) und man konnte da so lange drinbleiben, wie man wollte. So konnten Reisende sich die Zeit vertreiben, wenn sie auf einen Anschluss-Zug warten mussten. Hier lief in Dauerschleife die ‚Fox tönende Wochenschau' mit Nachrichten aus aller Welt.

Nur unterbrochen durch Dick-und-Doof Filme. Wir waren natürlich wegen der Komödianten da, die Wochenschau interessierte uns nicht wirklich. Aber es war generell toll, irgendwas auf der Leinwand zu sehen. Wir haben da glückliche Stunden verbracht.
Auch gewisse Männer hatten da eine gute Zeit. Entweder masturbierten sie still vor sich hin oder sie versuchten auch oft, uns dabei anzufassen. Das waren dann die weniger guten Zeiten.

Solche Kinos gibt es heute nicht mehr in Düsseldorf. Es gibt wohl noch ein paar alte Programmkinos, die es in die heutige Zeit geschafft haben, z.B. das Metropol, das Bambi oder das Bali. In der Altstadt am

Karlsplatz gab es damals auch noch die Kurbelkiste, die in einem alten Bunker untergebracht war – auch sehr gruselig.

Aber der Bahnhof bot noch mehr. Was wohl? Eisenbahn fahren! Das reizte uns natürlich auch. Und so haben wir eines Tages herausgefunden, dass man mit dem Zug nach Gerresheim fahren konnte. Das kostete damals wahrscheinlich kaum mehr als eine Mark, also genau unser Budget. Und so nahmen wir eines Tages mal allen Mut zusammen und fuhren nach Gerresheim. Herrlich!

Wir sind da nicht großartig geblieben, was sollten wir denn da tun? Also haben wir nur gecheckt, wo der Zug zurück abging und sind dann mit der nächsten Bahn wieder nach Düsseldorf HBF zurückgefahren. Unsere Mutter ahnte nichts von unseren Reisen, denn so richtig sicher war es im Bahnhofsumfeld für kleine Jungs nicht. Wir machten das 2-3 – Mal mit großer Freude bis wir aus ungestillter Sehnsucht nach der großen weiten Welt eine spontane Idee entwickelten.

Als der Zug in Gerresheim hielt, stiegen wir nicht aus. Wir wollten wissen, was nach Gerresheim kam. Ging es da überhaupt noch weiter? Musste ja, die anderen fuhren ja auch weiter. Und so blieben wir im Zug. Und fuhren (gefühlt) stundenlang weiter.

Gerresheim war zumindest noch ein Stadtteil von Düsseldorf im Außenbezirk, aber nun passierten wir die Stadtgrenze und fuhren in die große weite Welt.

Endlich stoppte der Zug. „Erkrath" stand da auf dem Schild. WOW! Was für ein Abenteuer.

Jetzt standen wir da, weit weg von zuhause und hatten in unseren Taschen eine Rückfahrkarte Düsseldorf-Gerresheim-Düsseldorf und wahrscheinlich in Summe noch 30 oder 40 Pfennige. Jetzt hatten wir Stress. Wahrscheinlich haben wir geweint und Leute um Hilfe gebeten. Und irgendjemand war dann so lieb und hat uns (ohne Gegenleistung) eine Fahrkarte nach Gerresheim gekauft, so dass wir dann mit unserer vorhandenen Karte legal weiter nach Hause fahren konnten. Eine spannende Reise!

Wir konnten immer ganz normal über die vorhandenen Straßen zum Bahnhof gehen, wenn wir Züge sehen wollten, aber es gab auch eine kleine Mauer an der Eisenstraße. Die war gerade so hoch, dass wir da raufklettern konnten und dann ging es noch eine Böschung hoch, und schon waren wir an den Gleisen. Wenn man da entlangging, waren es nur 200m und man war nicht nur am Bahnhof, sondern auch schon, ohne eine Bahnsteigkarte zu kaufen, auf dem Bahnsteig!

Chappeau!

Klar, ungefährlich war das nicht, aber schließlich waren wir junge Helden wie Sigurd oder Nick. Es gab damals kleine Heftchen, so schmal wie ein Scheckbuch, und da wurde von dem aufregenden Leben der beiden erzählt. Sigurd war ein edler Ritter,

der immer mit Ach und Krach seine Abenteuer bestand und Nick war Weltraumpilot. Auch ein cooler Job. Wir erkannten uns in ihm wieder.
Neben diesem Mäuerchen kam noch ein kleiner Schrottplatz und dahinter die riesigen Stahlwerke. Auf dem Schrottplatz sind wir auch das eine oder andere Mal eingebrochen, weil es da immer interessante Dinge zu betrachten gab.

Und später, als Micha in der Schule Schwarzpulver durchgenommen hatte, haben wir an diesem Schrottplatz auch ernsthafte Sprengungen vorgenommen. Salpeter, Schwefel und Holzkohle brauchte man. Dazu einen Behälter und eine Zündschnur. Wir waren talentierte Bombenbauer. Ich habe dann später auch gerne Reagenzgläser verwendet und die in Sandhaufen gesteckt. Dass da neben dem Sand auch feine Glassplitter durch die Luft sausen – das hatte ich damals nicht bedacht.

Aber wir waren als Kinder in der Lessingstraße nicht alleine. Dazu muss man berücksichtigen, dass wir damals auf der Grenze zwischen Nachkriegszeit und Wirtschaftswunder waren. Unsere Eltern hatten ja buchstäblich nichts, als sie in Düsseldorf ankamen und so ging es vielen Menschen. Man musste sich ein kleines Stückchen Wohlstand mühevoll erarbeiten.

Uns ging es verhältnismäßig gut, aber Selbstverständlichkeiten wie ein Auto, ein Fernseher oder ein Telefon hatten wir anfangs nicht.

Und so hatte sich Ida schnell mit unserer Nachbarin, Ennie Schmitz, angefreundet. Das Ehepaar (er war Fernsehtechniker) war etwas besser situiert. Sie waren auch deutlich älter und die Tochter war lange aus dem Haus. Und die Schmitzens hatten ein Telefon und einen Fernseher. Nun wurde verabredet, dass unsere Verwandten / Freunde bei Schmitz anrufen sollten, wenn sie uns sprechen wollten. Und die riefen uns dann.

So teilten wir uns das Telefon und später auch den Fernseher. Wir gingen abends zu Schmitzens und setzten uns vor den Fernseher, der damals auch nur ein Programm hatte. Aber Herr Schmitz als begnadeter Fernsehtechniker kaufte dann später einen zusätzlichen Konverter und verdoppelte damit die Anzahl der empfangbaren Sender: Das ZDF war geboren.

Aber die Schmitzens mochten Kinder nicht so gerne. Wir waren denen zu laut und zu unruhig. So war Ida als ständiger Gast gerne gesehen, wir durften aber nur selten fernsehen. Bei den Schmitzens lebte auch Klaus. Klaus war der Sohn der Tochter der Schmitzens, also der Enkel. Er wuchs bei den Großeltern auf und hatte im obersten Stockwerk eine kleine Mansarde in der er lebte.

Klaus war in Michas Alter und wir waren oft zusammen. Er ging auch auf das Lessing-Gymnasium. Er hatte einen französisch klingenden Nachnamen, was darauf schließen ließ, dass er ein Kriegskind war und von einem in Deutschland hängengebliebenen Franzosen abstammte. Der aber hatte sich aus dem Staub gemacht.

Im 3. Stock wohnte die Familie Rosenbaum. Während Schmitzens dem bürgerlichen Lager zuzuordnen waren, waren die Rosenbaums Proleten.
Ich kriege es nicht mehr ganz zusammen, aber da lebte das Ehepaar Rosenbaum, Onkel Willi, Schorschi, Herbert und Edda. Und groß war die Wohnung nicht.

Vater Rosenbaum und Onkel Willi verdienten ihren Lebensunterhalt als Kellner. Schorschi war 2-3 Jahre älter als wir und Herbert etwas jünger. Edda war wiederum 2-3 Jahre jünger als wir.

Mit Herbert und Schorschi haben wir viel unternommen. Wohl aber nichts Vernünftiges. Die beiden (vor allem Herbert) waren für jeden Scheiß zu haben bzw. sie regten viele Missetaten an. Ob wir im Kaufhaus Dinge klauten oder mit Herbert, der schon 16 war, in Kinofilme ab 16 gingen: wir waren dabei.
Aufgeklärt worden sind wir auch bei den Rosenbaums. Nicht, dass das eine fundierte medizinische Ausbildung war, nein. Aber wir haben viele Worte und Ausdrücke aus diesem Umfeld gelernt und wussten dann irgendwann auch mal, was ‚ficken' und ‚Pariser' waren.

Herbert erzählte auch gerne von seinen Masturbationserfahrungen und konnte sogar an einem Tag „Vollzug" melden. Angeblich hatte er sich seiner jüngeren Schwester Edda genähert. Das war für uns nichts Ungewöhnliches. Über manches Mädchen auf der Straße wurde berichtet, dass sich teils der Vater, teils der Bruder an ihnen gütlich getan hatte. Schwere Zeiten.

Aber bei Rosenbaums waren wir willkommen und durften fernsehen. Wir hatten wunderbare Zeiten mit Lassie, Fury, Klaus Havenstein und anderen Kindersendungen. Da störte der betrunkene Vater nicht und auch Onkel Willy, der dann später krank wurde, irritierte uns nicht. Onkel Willy lag im Bademantel auf der Couch und hatte wohl irgendwas an der Lunge. Er hustete stark und spuckte dann immer in ein aufgeschnittenes Tetra-Pack – oft blutig. Und wir saßen da und schauten zu, wie Timmy und Lassie ihre Abenteuer bestanden.

Auch Schorschi war offensichtlich eine Folge der Besatzung. Seine Mutter hatte sich selbst umgebracht und der Name Schorschi lässt auf Georgy also auf Georg schließen.

Irgendwann bekamen wir dann auch ein Telefon. Es stand in der Diele und man musste da im Stehen telefonieren (fasse dich kurz! War das Motto). Es war ein wunderbares Spielzeug und kurz nach der Anschaffung machte Henry ein Wählschloss drauf.

Sehr schnell erkannten wir, dass man trotzdem telefonieren konnte. Man musste einfach schnell auf die Höhrergabel drücken, dann konnte man damit wählen. 5-mal drücken war die 5, 7-mal die 7 und 10-

mal die 0. Dauerte etwas länger, aber wo ein Wille ist...

Aber eines Tages wanderte das Telefon ins Wohnzimmer und stand bei Henry auf dem Schreibtisch. Und das Wohnzimmer wurde abends, wenn die Eltern weg waren, abgeschlossen.
Und so blieb ich mit Micha in unserem Kinderzimmer und machte das, was Brüder machen. Wir stritten und prügelten uns.

Gründe gab es immer. Micha hatte, weil älter, interessantere Sachen, als ich. Also ‚lieh' ich mir die Sachen aus, spielte damit und machte bestimmt auch mal was kaputt. Das führte dann zum Krieg.

Aber auch sonst fand sich immer ein Anlass. Unvergessen ist mir der Abend, an dem Micha ‚Saftsack' zu mir sagte. Als ich nicht angemessen reagierte, wiederholte er: Saftsack! Und dann hielt er sich dran: Saftsack! Saftsack! Saftsack! Saftsack!

Bis wir uns prügelten. Es reichte aber auch, wenn er ‚Jockel' zu mir sagte. Ich hasste diesen Namen, auch, ohne zu wissen, dass man damit einen dummen Menschen bezeichnet. Micha konnte ein Arschloch sein.

Ich aber auch. Einmal, er war vielleicht 13 oder 14, war er mit einem Mädchen bei Pia in der Altstadt verabredet. Ich war natürlich neugierig und wollte mit. Und das gelang mir auch, nachdem ich Ida instrumentalisiert hatte und dann musste der junge

Hahn mit seinem kleinen Bruder da auflaufen. Aus der Affäre wurde natürlich nichts.

Aber wir haben uns auch zwischendurch mal vertragen. Als die Pubertät anklopfte, hat Micha mir gezeigt, wie Zungenkuss geht. Ich praktiziere das noch heute!

Wir waren auch oft zusammen im Rheinstation. Im Sommer war das immer der Hit. Mit einer Tasche vollgestopft mit Handtüchern, einer Decke, Butterbrote und Limo fuhren wir mit der Bahn da hin und tobten den ganzen Tag im Wasser und auf der Liegewiese herum. Oder wir schauten nach den Mädchen. Aber das war eher Michas Beschäftigung. Ich war damals öfter im Fokus von Männern, die kleine Jungs mögen. Oft genug war ich kurz davor, zum Bademeister zu gehen und 1-2 Mal habe ich das dann auch getan. Die Typen sind dann aber immer abgehauen.

Öfters gingen wir auch zusammen in die Altstadt. In der Schneider-Wibbel-Gasse arbeitet Henry bei den Röder-Betrieben, und dazu gehörte auch das Bali-Kino. Und über diese Beziehung kamen wir dann auch manchmal in die Vorstellung, ohne zu bezahlen. Chappeau!

Jobs

Micha: Werdegang Kindheit Schule

Mein Bruder hatte, anders als ich, einen sehr gradlinigen Schulweg. Grundschule in der Kirchfeldstraße, dann weiter auf der Helmholzstraße und danach Gymnasium bis zum Abitur auf dem Lessing-Gymnasium. Nichts Auffälliges. Nur einmal hatte er einen Hänger.

Wir waren beide auf dem Lessing-Gymnasium und irgendwie neben der Spur. Ich kann nur für mich sprechen: wie so häufig hatte ich keine Hausaufgaben gemacht und hatte damit wachsenden Stress, zur Schule zu gehen. Es war genau zu der Zeit, als wir ein weiteres Brüderchen bekommen sollten und unsere Mutter war bereits im Krankenhaus.
Henry arbeitete nachts und war dann morgens, wenn wir zur Schule mussten, noch im Bett.

Und so kamen wir auf die geniale Idee, NICHT zur Schule zu gehen. Wir verließen das Haus, stromerten durch die Stadt, verbrachten viel Zeit bei Defaka und in anderen Kaufhäusern mit Spielwarenabteilungen und gingen dann gegen Mittag nach Hause.

Der Vorteil bei dieser Vorgehensweise war auch, dass wir keine neuen Hausaufgaben bekamen. Das machten wir vielleicht eine Woche lang bis ein Lehrer zuhause anrief und nach uns fragte.

Das war nicht gut.

Die Folge davon waren Prügel. Viele Prügel. Da unser Vater uns das nicht auf einmal zumuten wollte, bekamen wir eine Zeitlang jeden Tag, wenn wir aus der Schule kamen, eine Tracht Prügel. Schön war das nicht.

In der Schule kam Micha mit einem blauen Auge davon, während es bei mir anders aussah. Schule schwänzen + schlechte Zensuren + Faulheit….also blieb ich sitzen und meinen Eltern wurde nahegelegt, mich von der Schule zu nehmen.

Ich glaube, danach hat Micha nie wieder geschwänzt oder aber er hat sich nie wieder erwischen lassen.

Er war kein Spitzenschüler, aber immer gut genug. Ihm wurde ein Werdegang als Ingenieur vorhergesagt. Er hat als Kind schon gerne gebastelt und war dabei immer geduldiger und vor allem präziser als ich. Und in der Zeit damals war ‚Ingenieur' ein Traumberuf mit guter Reputation. Der Vater einer Freundin von mir war Diplom-Ingenieur und seine Frau ließ sich mit ‚Frau Ingenieur' anreden.

Mein Schulweg war ja etwas weniger gradlinig und die Berufsprognose für mich war ‚Schienenauskratzer'. Den Beruf gab es wirklich, das waren Leute, die mit einer Eisenstange den Schmutz aus den Straßenbahnschienen entfernten. Das war sicher kein Lehrberuf und das Bild, das meine Eltern heraufbeschworen war immer: „Dann fährt der Micha mit seinem schönen Auto als Ingenieur an dir vorbei, während du die Pferdeäpfel aus der Schiene kratzt". So viel sei gespoilert: Micha ist nie Ingenieur geworden und mir wurde auch eine Karriere als Schienenauskratzer verwehrt.

Aber er hatte als Kind einen Stabilbaukasten von Märklin. Das waren Bauteile aus Metall mit Schraublöchern und viele Schrauben, Wellen und Räder. Daraus konnte man alles Mögliche zusammenschrauben, z.B. einen Kran oder ein Auto. Und Micha war da tatsächlich sehr firm drin und baute stundenlang irgendwelche Dinge entweder nach Anleitung zusammen oder auch sehr kreativ nach eigenen Vorstellungen.

Wir hatten auch gemeinsam eine elektrische Eisenbahn, mit der wir gespielt haben. Beides, der Stabilbaukasten und auch die Eisenbahn, waren von Märklin.

Sehr viel später baute Michael auch mal eine Maschine für mich. Eine geniale Konstruktion. Zu der Zeit lasen wir beide gerne ein nahezu anarchistisches Magazin mit dem Namen ‚MAD'. Das war eine Zeitschrift, aufgebaut wie ein Comic mit allerlei Nonsens. Und er wollte mir zum Geburtstag ein Abo dieser Zeitung schenken, das es aber nicht gab.

Also baute er einen rechteckigen Kasten mit einer Papprohre vorne. An der Seite war eine Kurbel und wenn man die drehte, fiel aus der Röhre ein Markstück, mit dem ich dann das monatlich erscheinende Heft kaufen konnte. Ich bin mir nicht mehr sicher, es kann aber gut sein, dass das Ding dabei auch noch Musik gemacht hat.

Aber zurück zu seinem beruflichen Werdegang

Wir beide versuchten, eine Karriere als Ladendiebe zu starten. Kein Kaufhaus war vor uns sicher. Wir nahmen ein Spielzeugauto von der Marke „Matchbox" und fuhren damit auf der Hand und auf dem Jackenärmel. Einfach, um es mal auszuprobieren. Und dabei geriet der Wagen auch schon mal IN den Ärmel.

Und wir gingen unauffällig aus dem Laden. Auch Schallplatten oder anderes Spielzeug fand in unsere Taschen.

Einmal hatte Micha ein schönes Tauchermesser ergaunert. Das war echt toll. Und der Zufall wollte es, dass irgendwelche Freunde von Henry zum Kaffee kamen und dabei ihre Tochter mitbrachten. Die war in Michas Alter und er suchte einen Weg, das Mädchen zu beeindrucken. Und so erzählte er, wie er das Messer ‚englisch' eingekauft hatte und zeigte es ihr. Und sie war auch beeindruckt. So beeindruckt, dass sie es ihrem Vater erzählte.

Und der erzählte es unserem Vater.

Und der erzählte es Michael. Und der musste dann zu Defaka gehen, und es zurückbringen. Nach den Prügeln.

Ich habe dann noch weiter an dieser unrühmlichen Karriere gearbeitet, aber er hat sich dann anderen Dingen gewidmet.

Micha interessierte sich schon früh für Kunst. Und er war auch definitiv ein talentierter Zeichner. Er machte viele Bleistiftzeichnungen, aber auch Farbe war sein Ding. Unvergessen ist die Verschönerungsaktion in unserem gemeinsamen Kinderzimmer.

Beeinflusst von der psychedelischen damaligen Zeit und von dem beeindruckenden Busen seiner Freundin zauberte er mit kühnem Schwung abstrakte Formen und überdimensional große Geschlechtsorgane an die Wand. Wir lebten in einem Kunstwerk.

Bevor er damit Geld machen konnte, arbeitete er in dem Supermarkt um die Ecke als Hilfskraft. Der Laden gehörte zur Kaffee-Reichelt – Kette, die irgendwann später mal von der Firma XENOS aufgekauft wurde, die zu einem Konzern gehörte, bei dem ich mal gearbeitet habe. Eine kleine Welt. Ich weiß nicht, was Micha noch für Jobs gemacht hat, das Einzige, woran ich mich erinnere, war seine Tätigkeit als Paketbote bei der Post.

Er fuhr so einen eckigen, gelben Laster und verdiente damit gutes Geld. Spaß hat es wohl auch gemacht, weil einige seiner Freunde da ebenfalls arbeiteten und die haben da wohl jede Menge Scheiß gemacht.

Micha war, anders als ich, auch musisch begabt. Das lag ihm irgendwie. Und so kam, was kommen musste. Henry war ja Pianist und so gab er sein Wissen an seinen Erstgeborenen weiter. Micha bekam Klavierstunden bei Henry. 1-2-mal wöchentlich gab es Prügel.

Anfangs dachte ich auch noch daran, das auch zu lernen. Aber als ich dann das Brüllen von Henry aus dem Wohnzimmer hörte, wenn ihm irgendwas nicht passte und dann da reingemischt das Geschrei von Micha, wenn er wieder eine gelangt bekommen hat: nein danke! Nichts für mich.

Micha aber machte tatsächlich weiter und lernte die Grundzüge des Klavierspielens so weit, dass er schließlich auch noch ein oder 2 Jahre auf das Konservatorium ging, um da seine Fertigkeiten zu verbessern. Aber es blieb ein Ausflug in die Musik. Obwohl: Noch heute steht das elterliche Klavier bei ihm im Wohnzimmer.

Henry als Vater war eine Niete. Nicht, dass er sich nicht um uns gekümmert hätte. Er hat Micha Klavier beigebracht und wir waren oft mit ihm im Garten. Nicht, dass wir das gewollt hätten, aber wir waren da.

Und er spielte auch mit uns. Zum Beispiel Skat. Er spielte wohl ganz gerne Skat und brachte es uns (auf seine Art) bei. Wir begriffen die Kartenwerte und die Regeln. Und dann spielten wir. Beim Skat spielen immer 3 Spieler und dabei dann 2 gegen einen. Es finden sich also immer Pärchen, die gegen einen anderen spielen.

Wenn Henry der ‚andere' war, gewann er meistens, und das freute ihn natürlich. Wenn er aber mit einem von uns gegen den anderen Bruder spielte, war das schlecht. Nicht für den gegnerischen Bruder, sondern für den Mitspieler. Machte der irgendeinen Fehler (du musst doch wissen, dass das As noch im Spiel ist!!!) gab es riesig Stress. Und wenn er dann mit dem Schuldigen zusammen das Spiel verlor, gab es auch noch Nachschlag. Schön waren die Abende nicht.

Soll ich erzählen, dass er uns auch noch Schach beibrachte? Und wird da ein anderes Ergebnis erwartet? Nope!

Nach dem Abi machte Micha sein Hobby zum Beruf. Er schrieb sich an der Kunstakademie in Düsseldorf ein und studierte Kunst in der Klasse Schiff. Das tat er mit viel Enthusiasmus und das studentische Leben passte auch gut in seinen von Alkohol und leichten Drogen geprägten Lebensentwurf. Absolut spannend fand ich damals seine Teilnahme an der Teenage-Fair.

Das war ein Event, bei dem viele jugendliche Künstler ihre Werke präsentierten. Er und unser Nachbar Klaus, der ebenfalls da eingeschrieben war, zeigten ihre Bilder. Michael fokussierte sich auf Bleistiftzeichnungen und Klaus hatte eine Spachteltechnik für sich entdeckt. Micha konnte einige Bilder verkaufen und verdiente damit mehrere 100 DM.

Klaus hatte an seine Schilder sehr hohe Preise geklebt und hat sie auch alle wieder mit nach Hause genommen. Auf der Messe wurden auch Filme gezeigt, es gab künstlerisch wertvolle Musik und allerlei Aktionen. Unvergessen für mich ist ein Film, in dem ein Künstler rote Beete aß und die danach dann wieder ausbrach. Hochinteressant.

Aber Michas Enthusiasmus und seine Motivation wurden beeinträchtigt. Er führte ein geselliges Leben und verdiente anfangs nebenbei Geld mit Taxifahren. Aber dieses Taxifahren wurde, wie bei fast allen Studenten, zur Hauptbeschäftigung. Man verdiente ganz gut und es machte auch Spaß. Und so trat das Studium immer weiter in den Hintergrund, bis er sich dann schließlich exmatrikuliert hat.

Ganz anders seine Freundin Ulrike, die in der Phase zwar fleißig mitfeierte, die aber ebenso fleißig ihr Studium in der Regelstudienzeit durchboxte du danach dann direkt das Referendariat anschloss. Und die war dann weit vor ihm fertig und trat ihren Job als Lehrerin an.

Ich ging zu der Zeit noch zur Schule, als unsere Mutter einen Job bei Marnie antrat. Das war ein Großhändler für Damenoberbekleidung, der seinen Sitz auf der Oststraße hatte. Das Hauptprodukt waren Polohemden für Damen und Herren in trendigen Schnitten und Farben. Die waren ganz gut im Geschäft und belieferten von Düsseldorf aus viele Läden in ganz Deutschland. Eines Tages suchten die einen Fahrer.

Ich hatte neben der Schule sehr viel Zeit, da ich Hausaufgaben und Lernen nicht ganz so attraktiv fand. Also war ich dann nachmittags bei Marnie, half beim Packen und brachte Pakete zur Post und zur Bahn. Der Job war ganz gut, weil ich auf Stundenlohn arbeitete und viel Zeit beim Warten am Bahnhof und bei der Post verbrachte. Ich war auch höflich und ließ schon mal einen anderen Boten vor – ich hatte ja Zeit.

Zur Bahn fuhr ich oft 2-mal, weil die Pakete nicht auf einmal in den VW-Bus passten. Das wurde dann doppelt teuer, weil auch schon der Express-Versand der Bahn sehr kostspielig war. Und da kamen die Inhaber von Marnie auf eine Idee: Warum nicht einen LKW mieten und wenigstens die Großhandelsstützpunkte in Stuttgart, München, Hamburg und Berlin eigenständig beliefern. Und eigenständig: das war ich. Ich durfte zwar einen 7 ½ Tonner fahren, hatte das aber noch nie gemacht. Aber das störte die beiden nicht. Sie mieteten so ein Teil und ich heuerte Micha an, mitzufahren. Und so gingen wir auf Tour. Beim ersten Mal hatten die beiden den LKW vollgeladen im Gurkenland auf einem Parkplatz abgestellt. Da musste man nicht rangieren (was mir sehr entgegenkam) und wir fuhren damit auf dem kürzesten Weg zur Autobahn.

Spannend.

Wir waren nach der Schule gestartet (meist am Wochenende) und fuhren zusammen Richtung Frankfurt, dann nach Stuttgart (in einen Vorort) und luden da einen Teil der Ware aus. Dann ging es weiter nach München: same Procedure. Und dann wieder zurück. Ohne große Pause, die ganze Nacht durch.

Natürlich wurden wir müde. Und wir wechselten uns ab. Wir machten das aber nicht professionell. Einer fuhr und fuhr und fuhr, bis er fast am Steuer einschlief. Und der Beifahrer fuhr mit. Und war dann natürlich genau so müde. Erst später lernten wir, regelmäßige Pausen und Fahrerwechsel einzubauen.

Wir fraßen Scho-ka-Cola. Eine bevorzugte Fernfahrernahrung mit allerlei wach-machenden Substanzen darin. Zumindest ich bekam regelmäßig Halluzinationen. Menschen oder gar ganze Soldatenkompanien marschierten auf oder neben der Autobahn. Beängstigend.

Micha ging es aber nicht anders. Und wir lernten, was Sekundenschlaf ist. Es passierte uns und wir sahen es auch bei den anderen LKW. Die fuhren dann monoton vor uns, und dann, ganz langsam, glitten sie mit voller Fahrt auf den Seitenstreifen, um dann, fast mit einem Ruck, wieder zurück auf die Fahrbahn gelenkt zu werden. Spooky!

Micha hatte als Student mehr Zeit als ich und machte dann auch oft Fahrten mit Ulrike zusammen. Die fuhren dann auch nach Hamburg (da war ich nur ein oder 2-mal) und nach Berlin. Das waren damals auf der Transitstrecke spannende Touren.

Und einmal, erinnere ich mich, ist Micha der LKW in München verreckt. Da war er zum Glück schon leer, und so nahm er einen PKW für die Rückfahrt. Der LKW kostete gut und gerne 150 DM am Tag und ein PKW war schon für 50 DM zu haben. Aber Micha dachte in Budgets und nahm einen Wagen, der immerhin billiger war, als die 150 DM: einen Mercedes 280!

Das war natürlich eine Rakete und stolz, dass er damit auch noch 30-40 DM unter dem Budget lag, bog er auf der Oststraße in den Hof der Firma ein. Zeitgleich mit einem der Chefs, der an dem Tag auch gerade seinen Mercedes 280 geliefert bekommen hatte. Uncool! Wenn selbst der letzte Aushilfsfahrer die gleiche Karre fährt wie der erfolgreiche Unternehmer?

Aber wir hatten eine gute Zeit bei Marny. Wir bauten auch die Messestände mit auf und nahmen an den Siegesfeiern nach erfolgreichen Messetagen teil. Das waren gigantische Saufgelage in der Altstadt, wo der Wodka flaschenweise auf den Tisch kam. So kamen und gingen die Jahre und Micha schrieb sich schließlich an der Heine-Uni für Germanistik auf Magister ein. So, wie wir alle, war er am Anfang sehr euphorisch, aber das klang dann irgendwann auch wieder ab und Taxifahren wurde wieder die Nummer 1.

Das ist ein wirklich interessanter Job, ich habe das ja später auch gemacht. Man war sehr frei in seiner Arbeit, man machte Pause, wann man wollte und auch die Anfangs-und Endzeiten waren sehr individuell. Man traf manchen interessanten Fahrgast, machte gute Kohle und gehörte dann auch irgendwann zu den Gestalten der Nacht. Man traf sich in Taxi-Kneipen und berichtete von seinen Erlebnissen.

Es ist schwierig, die Faszination dieses Jobs (vor allem damals) jemandem nahe zu bringen, der das nicht gemacht hat. Ich hatte, als ich beim Bund war, Micha manchmal in so einer Taxikneipe auf der Berliner Allee besucht. Ich kam um Mitternacht mit dem Zug aus Lüneburg und fuhr dann da hin. Da saßen dann 10-15 Taxifahrer und erzählten von ihren Abenteuern mit skurrilen Fahrgästen. Natürlich immer nur Siegerstories. Hochinteressant.

Micha war nicht beim Bund. Er war da aufgeweckter als ich. Er wollte da nicht hin und hat sich aber auch aktiv darum gekümmert. Er ging zu einem Wehrdienst-Verweigerer-Verein und lernte da die Argumentation, die er brauchte, um vor der

Kommission zu bestehen. Und er fiel durch. Aber eines Tages hatte er einen Arzt im Taxi sitzen und unterhielt sich mit dem. Und der riet ihm, auf seiner Schuppenflechte herumzureiten: Dafür brauchte er eine spezielle Diät. Und tatsächlich half ihm dieses Argument, ausgemustert zu werden.

Dafür kümmerte er sich um mich, als ich dann beim Bund war. Ich wurde zu den Panzern eingezogen und diente in Lüneburg. Alle 2-3 Tage bekam ich Post. Und fast immer von ihm. Und die Post wurde morgens vom Unteroffizier verteilt. Er rief beim Morgenappell die Namen der Empfänger auf und händigte dann den Brief oder das Paket aus. Auf Michas Briefen waren immer viele interessante Zeichnungen drauf. Mal waren es Panzer, die explodierten, abstürzende Flugzeuge oder recht große Geschlechtsteile. Es war immer schön, zu sehen, wie der Unteroffizier fassungslos auf den Umschlag schaute, bevor er ihn mir gab.

Es gab auch Pakete mit sinnvollen oder witzigen Inhalten und einmal kam Micha mich auch besuchen. Ich bekam zu der Zeit 135 DM Monatssold, da macht man keine großen Sprünge mit. Ich kaufte öfters mal Wachen, d.h., ich schob für jemand anderen Wache und bekam dafür dann 50 DM. Dafür konnte ich an dem Wochenende nicht nach Hause fahren. Und so beschloss ich, mich doch für 21 Monate zu verpflichten (Z-Säue wurden solche Leute damals genannt (Zeitsoldaten)). Als Z-Sau bekam man um die 1000DM, das war eine ganz andere Nummer.

Das konnte Micha nicht verstehen und so fuhr er die ganze Strecke von Düsseldorf nach Lüneburg, um mich zu retten.

Erfolgreich.

Ich machte meinen Wehrdienst (15 Monate) und war ganz froh, als ich am letzten Tag in der Kaserne in die Gesichter derer blickte, die jetzt noch ein halbes Jahr ohne uns machen mussten.

Und dann eines Tages bekam er noch einen kleinen Job. Er sollte zu Konzerten gehen, um da dann Probepackungen mit Drehtabak und Kaugummi zu verteilen. Keine schwere Arbeit und zusätzlich kam er zum Nulltarif in interessante Konzerte. Das machte er natürlich auch wieder mit Ulrike zusammen und die beiden hatten Spaß und Geld und ich bekam auch meinen Teil des Tabaks ab. Als starker Raucher: Chappeau!

Micha machte alle möglichen Jobs. Dazu gehörte auch das Babysitten bei Idas Freundin Janusch. Sie hatte einen Sohn (Patrick) und der musste öfters mal, wenn Janusch auf Achse war, gehütet werden. Micha machte das öfters als ich und das war ein cooler Job. Als ich das machte, habe ich meine Liebe zu Jazz vertieft und einen Zugang zu Herbie Mann und zu Miles Davis gefunden. Die hält auch bis heute.

Janusch öffnete uns und vor allem Micha aber auch die Türe zur Künstlerszene in Düsseldorf.

Regelmäßig trafen sich Künstler und Mäzene auf irgendwelchen Feten, wo fleißig gesoffen und gekifft wurde. Es war herrlich! Janusch öffnete Türen für uns. Micha traf Künstler und fand aber auch einen Raum, wo er und seine Freundin Ulrike anerkannt waren (anders als bei unseren Eltern). Hier konnte er so sein, wie er wollte. Und später fuhr er hier auch Taxi und traf Menschen, mit denen er noch heute befreundet ist.

Ich machte bei Janusch (wie auch er) meinen Führerschein. Ich hatte zwar kein Geld, aber ich machte Babysitten und ich half in ihrer Werkstatt aus. Das waren Handlangerdienste, aber ich bekam dafür kein Geld, sondern ich wurde in Fahrstunden bezahlt.

Wenn mal ein Fahrlehrer irgendwo hinmusste, hieß es: los, fahr mich mal. Und dabei lernte ich. Einen Großauftrag erhielt ich auch, als ich die ca. 20 Garagentore streichen sollte, das war auch nicht schlecht. Lothar, so hieß der KFZ-Meister in der Werkstatt, war ein Original. Er reparierte die Fahrschulautos und die Taxis und fuhr nebenbei noch auf einem Puch Rennen. Später fuhr er sogar mal einen Werkswagen von DAF.

Und Lothar war es auch, der Micha sein erstes Auto verkaufte, aber davon später.
Bei Janusch lernte er auch ihren Freund Wolf kennen. Das war ein Künstler und Liebhaber von Janusch.

Jobmäßig trafen wir uns (Micha, sein Freund Wolfgang und ich) uns bei Jasopa. Das war eine Abkürzung der Namen von Janusch und Wolf. Irgendwie hatten die sich einen Auftrag von Tchibo an Land gezogen. Hier ging es um die Herstellung von Nussknackern. Das Besondere war: sie sollten von Künstlerhand bemalt worden sein.

Wolf gab seinen Namen dafür und wir waren die Künstler. In einem Atelier (ich meine, es wäre auf der Jahnstraße gewesen) trafen wir uns und tauchten z.B. Stiefel und Mützen in rote Farbe, malten Augen und Münder und klebten Bärte an. Alles in Handarbeit und alles unter Aufsicht eines Künstlers. Und mit viel Alkohol und Shit. Das waren schöne Nachmittage.

Später bekam Wolf noch einen Auftrag für den deutschen Kunstbeitrag für die Weltausstellung, die 1970 stattfand. Wolf hatte einen Blutkreislauf designet, der dann aus kleinen und größeren Kunststoffröhren zusammengefügt und entsprechend mit Hitze gebogen wurde.

Das waren auch viele Abende mit sicher nicht ungefährlichen Lösungsmitteldämpfen und anderen Rauschmitteln. In der Zeit sind wir dann gerne ins Bobby in die Altstadt geradelt um uns da dann bei Bier und leckeren Schwarzbrotschnittchen mit Speck den Rest zu geben.

Feiern konnten die Leute um Janusch gut. Einmal sind wir zu Karneval zum Böse-Buben-Ball eingeladen worden. Das ist sicher im Düsseldorfer Karneval eine der Top-Veranstaltungen. Das Thema war „Hexen" oder „Zauberer". Ulrike bemalte uns mit Wasserfarben sehr kreativ die Gesichter und wir feierten, was das Zeug hielt. Eine unvergessene Zeit!

Später nahm Micha dann einen Job beim Institut für Curriculumforschung an. Bis die dann von Düsseldorf wegzogen hatte er da ein gutes Einkommen und brachte auch unsere Mutter da unter. Die denkt auch noch gerne an die Zeit zurück. Und über diese Schiene habe ich dann auch meine spätere Freundin Silvie kennengelernt.

Ich weiß nicht mehr, was Micha alles gemacht hat, aber an eines kann ich mich noch erinnern: Unseren Auftritt als Statisten bei Persil.

Und das war so:

Persil bzw. Henkel suchte Statisten für Werbeaufnahmen. Persil wurde als Majestät dargestellt und die Statisten sollten der Majestät huldigen. Es gab eine Aufnahme am Benrather Schloss (da war ich auch dabei) und eine auf der Königsallee.

Auf der Kö fuhr eine Kutsche und das Volk jubelte frenetisch. Und dafür gab es, glaube ich, 40 DM. Am Benrather Schloss kam die Majestät aus dem Schloss die Treppe herunter und das Volk (darunter Micha, unser Freund Reinhard und ich) flippte total aus. Es war ein recht langweiliger Nachmittag, weil wir lange warten mussten, aber die Stimmung war einfach genial.

Danach waren wir noch in der Altstadt mit Reinhard uns (so hatte ich es anfangs verstanden) seinen beiden Schwestern Anne-Dörthe und Uschi und haben da auf Teufel komm raus gefeiert. Irgendwo haben wir dann (die Männer) mit nackten Oberkörpern getanzt. An mehr kann ich mich (wen wundert's) nicht mehr erinnern…

Bei Niemeyer, wo er auf Konzerten Proben verteilt hatte, brauchte man eines Tages jemanden in der Marketingabteilung, der die statistischen Kennzahlen aufbereiten sollte. Dafür hatte man einen damals hochmodernen Macintosh-Computer mit dem damals noch unbekannten Programm Excel gekauft und hier durfte Micha sich austoben. Das war eine wichtige Weichenstellung in seinem Leben, weil das Einfluss auf seinen beruflichen Werdegang hatte, aber auch seine technische Verliebtheit begründete, die alles betraf, war irgendwie mit Apple zu tun hatte.

Nun arbeitet er regelmäßig an diesem Computer und eignete sich breite Kenntnisse in dem Mac-Betriebssystem und auch in Excel an. Und natürlich begann er, die Zahlen und dann auch das Geschäftsmodell von Niemeyer zu verstehen. Er konnte also auf dem Niveau der Produktmanager oder der Marketingchefs mitdiskutieren.

Und so kam es logischerweise dazu, dass man ihn fragte, ob er nicht Vollzeit einsteigen wollte. Einzige Voraussetzung: ein abgeschlossenes Studium. Zu dem Zeitpunkt war Micha noch eingeschrieben, aber er ging schon lange nicht mehr in die Vorlesungen. Aber das Angebot motivierte ihn, das Studium der Germanistik wieder aufzunehmen.

Er ging in die Veranstaltungen und suchte den Neuanfang. Aber das ist schwer, wenn man einmal raus ist. Und so war er unglücklich und wir haben damals auch darüber gesprochen. Ich hatte zu der Zeit gerade bei Siemens angefangen und ich riet ihm, den Leuten bei Niemeyer zu sagen: ich will den Job machen, aber das Studium will ich nicht beenden. Die argumentierten dann damit, dass alle auf dem Niveau ein abgeschlossenes Studium hätten und das das auch den Gehaltsrahmen bestimmen würde.

Am Ende des Tages stimmten die Leute zu und nahmen ihn: seine Praxiserfahrung wog dann doch mehr, als das Zertifikat.

Und so wurde er Produktmanager für Javaanse Jongens und andere Tabakprodukte und blieb das auch, bis die Firma nach der Übernahme durch BAT Personal reduzierte und unter anderem auch ihn mit einem wahrlich wahrlich wahrlich goldenen Handschlag nach Hause schickte. Das letzte Jahr arbeitete er noch in Hamburg, bevor er dann mit 54 Jahren in den Ruhestand ging und bis zu seinem

63igsten Lebensjahr noch ein monatliches Tabakkontingent kostenlos bezog.

Chappeau!

Und dann? Das Berufsleben war vorbei, aber er hat dann noch lange ehrenamtlich an der Schule gearbeitet, an der auch Ulrike war und hat da Hausaufgabenbetreuung gemacht. Auch so eine perfekte Nummer: die beiden trafen sich auf der Arbeit und hatten ein weiteres gemeinsames Erlebnis. Aber als Ulrike dann auch aufhörte, widmete sich Micha ausschließlich seiner Hobbies: seine Tochter, seine Computer und Reisen nach Spanien und nach Italien.

Autos

Während ich immer sehr Auto-verrückt war, ist Micha da viel unemotionaler herangegangen. Begonnen hat das Ganze als ich 3 war. Da bekam ich meinen ersten Roller, während Micha schon einen hatte. Ich bekam einen Pucki – Holzroller, wie man ihn heute noch kaufen kann. Komplett aus Holz, winzige Holzräder mit dünner Gummierung und vorne mit einem „Winker". Das war ein an einer Schraube aufgehängter Pfeil, den man je nachdem nach links oder rechts richten konnte.

Scheiße!

Micha hatte einen Roller mit Luftbereifung. Richtig mit Schutzblechen, einer Hinterradbremse und einer Klingel. DAS war cool. Damit stand es 1:1 für ihn. Als wir so 6-8 waren, bekamen wir ein Fahrrad.

Tante Giesela, eine Freundin von Ida, hatte ein Rad gefunden und am Fundbüro abgegeben. Nach einem Jahr konnte sie das für 5 Mark da abholen und damit war es ihres. Sie schenkte es uns. Es war ein Damenrad und damit für unsere kurzen Beine kein Problem. In der geschützten Umgebung am Garten probierten wir es aus und fielen natürlich damit auf die Nase! Aber es war ein Anfang!

Micha machte dann mit 18 auch sofort seinen Führerschein. Er hatte zu dem Zeitpunkt schon gute Kontakte zu Janusch und bekam ihn auch in ihrer Fahrschule zum Freundschaftspreis.

Janusch arbeitete mit ihrem Mann zusammen. Er war KFZ-Sachverständiger und hatte die Fahrschule und sie managte die Fahrschule und hinterher noch ihre Taxen. Zu dem Bereich gehörte auch eine große Werkstatt, die von Lowi geleitet wurde. Da trieben wir uns öfters rum, und ich arbeitete da ja auch. Lowi war ein Bastler vor dem Herrn und er war auch Rennfahrer. Unser Vorbild!

Und eines Tages hatte Lowi einen Opel P1 gebastelt. Er hatte ihn TÜV-fertig gemacht und auch umgebaut von Lenkradschaltung auf die viel sportlichere Knüppelschaltung.
Micha verliebte sich in das Schiff und kaufte es. Und kurvte nun obercool mit der Karre durch Düsseldorf. Er kam damit auch unzählige Male in die Alkoholkontrolle unter der Eisenbahnunterführung an der Ellerstraße, aber man konnte ihm nichts nachweisen. Alkohol trank er nie, wenn er fuhr, und auf Haschisch wurde nicht geprüft. Gute alte Zeit.

Mich hat er auch einmal damit an die Ostsee gebracht, wo meine Freundin Karin mit ihren Eltern Urlaub machte. Erst fuhren wir zu irgendeinem Campingplatz, wo Henry und Ida Urlaub machten. Ich bekomme das nicht mehr ganz zusammen, aber ich meine, Henry hätte sein Gebiss irgendwie auf die Motorhaube des Opel gelegt und wir sind dann später damit weitergefahren. Wir hatten eine bewegte Jugend. Danach brachte mich Micha dann nach Scharbeutz, und zurück bin ich dann mit Karins Eltern gefahren. Bewegte Zeiten. Wenn ich mich recht erinnere, kostete das Benzin damals 60-70 Pfennige / Liter.

Der Opel wurde ständig bewegt und machte das auch ganz gut. Bis Micha eines Tages damit nach Schwarmstedt in Niedersachsen gefahren war. Da beendete der Opel die Zusammenarbeit: Das Differential hatte sich zerlegt.

Er rief mich an: kannst du mich abholen? Und klar: ich konnte. Na ja, so richtig nicht. Ich fuhr zur Tankstelle meines Vertrauens und fragte den Tankwart: würden Sie mit dem Auto (ich zeigte auf den Fiat) nach Hamburg fahren? Er stutzte, überlegte kurz und meinte: ja! Nun gut, das hätte ich an seiner Stelle auch gesagt. Solange ich nicht selber in so einer Rappelkiste 400km fahren müsste….

Aber so machte ich mich auf den Weg und kam tatsächlich an. Dann sammelte ich meinen Bruder ein und wir fuhren wieder der 400 km zurück. In Düsseldorf besorgte Micha dann eine neue Hinterachse und Teil 2 des Abenteuers begann.

Ich baute den Beifahrersitz aus und wir fuhren zum Schrottplatz. Dort luden wir die Achse durch das Faltdach ein und legten die eine Seite in den Fußraum, die andere auf die Rückbank. Und dann fuhren wir, Micha mit seinen 1,88 Größe hinter mir auf dem Rücksitz, wieder nach Schwarmstedt. Dort wurde der Opel dann repariert und Wir gurkten wieder nach Hause. Es kann alles so einfach sein.

Wenn ich aber an Micha und Autos denke, muss ich natürlich auch an meine Autos denken. Und dabei fällt mir ein, wie wir mal mit meinem 500erter zusammen nach Hamburg gefahren sind. Auch so ein Stunt.

Micha hatte Konzertkarten für seine Lieblingsband, die Kinks, bekommen. 2 Plätze im Kongresszentrum in Hamburg. Irgendwie hatte sich der uralte, 14 PS starke Wagen bewährt und so fuhren wir, die Brüder Sorglos, nach Hamburg.

Klar, mit so einem Auto dauert die Fahrt etwas länger, aber auch etwas anderes machte uns Ärger. Nach einiger Zeit fing der Wagen an, hinten zu rasseln. Es war so, als ob da Ketten hängen würden, die die ganze Zeit Geräusche machten. Wir hielten an und erkannten das Problem. Die Luftleitbleche der Kühlung (der Fiat ist luftgekühlt) waren mit 10 Schrauben befestigt und so ziemlich alle hatten sich gelockert und 2 fehlten schon. Also zogen wir die Dinger wieder fest und ja: Reparatur geglückt.

Wir fuhren weiter.

Nach einiger Zeit fing der Wagen an, hinten zu rasseln. Es war so, als ob da Ketten hängen würden, die die ganze Zeit Geräusche machten. Wir hielten an und erkannten das Problem. Die Luftleitbleche der Kühlung (der Fiat ist luftgekühlt), die mit ursprünglich 10 Schrauben befestigt waren, hatten sich wieder gelockert und jetzt fehlten schon 3 oder

4. Also zogen wir die Dinger wieder fest und ja: Reparatur geglückt.

Und so ging es weiter. Wir hielten in immer kürzeren Abständen an, weil wir nicht noch mehr Schrauben verlieren wollten und die Rechnung ging auf. Wir kamen in Hamburg an.

Das Konzert war großartig und danach fuhren wir wieder in der Nacht zurück. Die Brüder Sorglos auf Reisen. Wir waren nach dem Konzert natürlich aufgekratzt und gut gelaunt und die Fahrt machte Spaß. Einmal passte ich nicht auf und fuhr mit einem Rad auf den Standstreifen.

Da lag wohl Sand oder einfach Schmutz und den wirbelte ich auf. Im Rückspiegel konnte ich die Staubfahne sehen und ich kam mir vor, wie in einem Rennwagen bei Lichtgeschwindigkeit. Und das mit 14 PS.

Ich machte das fortan noch 3-4-mal und erfreute mich an der Staubfahne. Und beim 5. Mal habe ich mir wohl irgendwas in den Reifen gefahren; jedenfalls fing der Wagen kurz darauf an, mit dem Hintern zu wackeln: ein typisches Indiz für einen Platten.

Mitten in der Nacht einen Reifen zu wechseln ist nicht schön, aber das konnte unserer guten Laune nicht schaden.

Das übernahm dann etwas später das rote Licht am Armaturenbrett, unter dem ‚Generatore' stand. Die Lichtmaschine!
Was nun? Der Keilriemen war ok, also war die Lichtmaschine wirklich hinüber. Was sollten wir tun? Wir fuhren weiter. Noch lieferte die Batterie den notwendigen Strom für die Zündung und das Licht, aber wie lange? Sicherheitshalber schaltete ich das Abblendlicht aus und fuhr mit Standlicht. Wie lange noch?

Ich glaube, ich habe das Licht, als die Sonne Anstalten machte, aufzugehen, ganz ausgeschaltet. Strom sparen, wo immer es geht.
Und tatsächlich. Wir hätten es fast geschafft. Bei Gevelsberg fing der Wagen an, zu stottern. Wir sind dann von der Bahn runter und über die Landstraßen weitergehoppelt. Da dann ganz bestimmt ohne Licht. Und irgendwann dann hauchte die Batterie das letzte Bisschen Strom aus und die Karre blieb stehen. Weiter weiß ich nicht mehr. Wir sind irgendwie nach Hause gekommen und haben irgendwie später das Auto repariert und nachgeholt. War ein schönes Konzert!

Aber das nur als kleine Zwischengeschichte.

Zurück zu Michas Autos.

Nach dem P1 war erst mal Ruhe. Micha fing dann an, Taxi zu fahren und eines Tages ging die Autogeschichte weiter. Bei Lowi kaufte Micha ein altes Taxi. Es war ein Mercedes /8 der schon biblisch viele km auf dem Buckel hatte. Er hatte auch schon ein paar Kriegsverletzung aber Mercedes ist Mercedes. Er war auch sooo teuer nicht und so war Micha in jungen Jahren schon ein Mercedesfahrer.

Er hatte den Wagen noch nicht lange, als ihm da jemand reinfuhr. Es war ein reiner Blechschaden, aber in einer Mercedes-Werkstatt wäre das sehr teuer geworden. Hier aber machte Lowi den Wagen wieder fit und das beinhaltete die Reparatur der Blechschäden und eine komplette Neulackierung. Der Benz strahlte danach in Rot und sah beinahe wie ein Neuwagen aus. Glück im Unglück.
Die erste Bewährungsprobe war unsere einmalig schöne Tour nach Spanien. Zu viert (Micha, Ulli, Barbara und ich) rollten wir gen Süden. Herrliches Wetter, Schiebedach auf und ‚Mein Gott Walter' im Kassettenrekorder.

Und alle paar-hundert-KM anhalten, und nach dem Öl sehen. Wir fuhren durch Frankreich, über die Grenze nach Spanien, vorbei an Barcelona, Saragossa nach Madrid, und dann runter nach Cordoba, Sevilla und weiter an die Küste nach Huelva. Wir fuhren immer so lange, bis es dunkel wurde und suchten uns eine Unterkunft. Der Benz quälte sich etwas an den Steigungen, aber wir hatten es schnell gelernt, immer mit Schwung zu fahren. 55PS bei fast 2 Tonnen Gewicht – da muss man Geduld haben. Ohne Murren brachte uns der Wagen an die Atlantikküste.

Da fanden wir erst kein Zimmer, aber freundliche Leute in den Kneipen boten uns Hilfe an. Sie quetschten sich zu uns ins Auto und fuhren zu Adressen, von denen sie wussten, dass da Zimmer vermietet werden.

Es dauerte eine Zeit, bis wir verstanden, dass die nicht einfach mal so mit einem Benz fahren, sondern dass sie wirklich helfen wollten. Die Zeit in Lepe (so hieß der Ort) war sehr genial und zählt zu meinen schönsten Erinnerungen.

Von da aus sind wir noch an die Algarve gefahren und bei Ayamonte erwischte es uns. Als wir auf die Fähre fuhren, die uns über den Fluss bringen sollte, setzte der schwer beladene Wagen auf und riss sich eine der Gummimanschetten an der Hinterachse auf.

Ersatzteile: Fehlanzeige!

Improvisieren: Nope!

Ich meine, wir hätten die Manschette irgendwie umwickelt und sind damit dann vorsichtig quer durch Spanien an die Mittelmeerküste gefahren. Zwischendurch haben wir immer wieder die Umwicklung erneuert und Fett eingebracht. Unsere Route ging von Mercedes-Werkstatt zu Mercedes-Werkstatt.

Heute würde man in Google nachsehen, damals haben wir den Werkstattbesitzer einfach gefragt, wo auf unserer Route die nächste Werkstatt war. Helfen wollte uns jeder, aber dieses Ersatzteil war nicht vorrätig und die Bestellung hätte zu lange gedauert. In Lepe hatten wir niemanden gefunden, der Englisch sprach.

Also mussten wir Spanisch sprechen. Und tatsächlich: in den 4-5 Wochen lernten wir einige Worte und später dann auch Sätze und konnten uns rudimentär verständigen. Auch die Fachausdrücke (die Manschette an der Hinterachse ist gerissen, haben Sie eine passendes Ersatzteil oder können Sie uns sagen, wo auf unserer Strecke die nächste Mercedes-Werkstatt ist?) bekamen wir fehlerfrei raus. Und wir konnten auch die Antworten verstehen. Und so fuhren wir in Etappen die Küste entlang, bis wir dann schließlich in Tarragona eine Werkstatt fanden, die das Teil hatten und die die Reparatur dann durchführten.

In Tarragona allerdings mussten wir feststellen, dass man uns nicht mehr so gut verstand. Schlimmer noch: Die Kellner in den Kneipen baten uns, statt Spanisch doch lieber Deutsch zu sprechen. Des Rätsels Lösung: Wir sprachen kein Spanisch, sondern eher den typischen andalusischen Dialekt.
Nach der Reparatur war der rote Daimler wie neu und spulte langsam aber zuverlässig seine Kilometer runter. Aber das nächste Abenteuer sollte nicht lange warten.

Irgendwann Ende der 70iger fuhr Micha mit Ulrike, Ida und unserem Bruder Martin nach Italien. Beim

Taxifahren hatte er Freunde gewonnen, die in Sizilien lebten und da hin wollte er. Ein weiter Weg! Und da passierte es. Nachts, völlig unvorbereitet, fuhr er mit voller Geschwindigkeit über einen LKW-Reifen, den da jemand verloren hatte.

Zum Glück bekam er das Auto und die Insassen sicher zum Stehen, aber der Wagen war hin: Die Hinterachse war gebrochen.

Das Schöne an der Zeit und an unserem angstfreien Alter war: Eine Lösung gibt es immer. Micha rief mich an und gab mir genaue Daten der Achse durch. Mit der Beschreibung fuhr ich dann zu einem Schrottplatz in Wuppertal, wo ich damals wohnte und kaufte eine Achse. Ich wuchtete das Teil in mein Auto und fuhr damit ein paar Tage später nach Mettmann. Und dann? Na ja, ganz einfach. In Italien (ich meine, es wäre irgendwo in Tirol gewesen) wohnte ein Freund eines Freundes aus Sizilien. Der war bereit, die Achse mitzunehmen, weil er ohnehin da hin wollte.

Und ein Kommilitone von mir wollte nach Italien in Urlaub fahren und kam in der Nähe dieses Kumpels vorbei. Also brachte ich die Achse zu meinem Studienkollegen nach Mettmann, der brachte das Teil nach Tirol und der dortige Kollege transportierte das alte dreckige Ersatzteil dann nach Süditalien. So einfach! Und tatsächlich hat die Reparatur geklappt und der Daimler kehrte nach Hause zurück.

Das Ganze geschah in einer Zeit, in der die deutsche Automobilindustrie das Korrosionsproblem noch nicht gelöst hatte. Der Benz rostete an alles Ecken und der Tag, an dem der TÜV das nicht mehr tolerieren wollte, kam.

Und dann?

Dann kam ein grüner Mercedes. Auch ein schönes Auto. Auch wieder ein /8 aber mit den neuen Rückleuchten. Und wieder ohne Servolenkung. Der schwere Motor lag vorne auf der Vorderachse und im Stand war es nicht einfach, die Lenkung zu bewegen. Aber es war wieder ein schönes Auto. Die Diesel in dieser Zeit hatten noch die alte Zündung. Man schaltete die Zündung ein und zog einen Knebel. Neben diesem Knebel war eine Art Salzstreuer. Und wenn in diesem Salzstreuer eine Glühspirale sichtbar wurde, war der Glühvorgang abgeschlossen (Rudolf-Diesel-Gedenkminute) und man konnte den Knebel ganz herausziehen. Und vielleicht sprang der Diesel dann an. Vielleicht aber auch nicht. Zum Beispiel im Winter tat er das nicht so gerne.

Dafür gab es dann den Startpiloten.

Der Startpilot kam in einer Spraydose und war nichts anderes, als eine hochexplosive Mischung. Die wurde dann in den Luftfilter gespritzt und danach explodierte entweder der ganze Wagen oder der Motor sprang an.

Man konnte auch einen Schlauch durch das Handschuhfach in den Motorraum und dann in den Luftfilter legen, dann konnte man den Vorgang direkt aus dem Innenraum heraus starten. Technik zum Anfassen.

Zu dem grünen Mercedes fällt mir nicht viel ein. Soviel ich weiß, war das auch eher Ulrikes Auto, die damals an einer Schule in Mettmann angefangen hatte und jetzt jeden Tag da hinfahren musste. Ich meine mich zu erinnern, dass irgendwann mal eine Straßenbahn den grünen Bomber erwischt hatte und ihn in die Hölle schickte. Das vorläufige Ende der Mercedes-Ära in der Familie.

Danach kaufte sich Ulrike eine Reisschüssel, ich meine, es wäre ein Mitsubishi gewesen.

Jetzt, wo ich diese Erinnerungen aufschreibe, wird mir bewusst, wie wenig ich über meinen Bruder weiß. Bis zu dem Mercedes waren wir oft zusammen und haben auch viel gemeinsam unternommen.
Aber dann verliert sich die Spur. Dann kam auch die Zeit, als Micha Vater wurde und auch ernsthaft arbeiten ging: er wurde bürgerlich.

Ich erinnere mich daran, dass sich das in dem konservativ – bürgerlichen Albtraum ausdrückte, den die Automobilindustrie produziert hatte: dem Opel Omega. Das war damals wohl mit der größte Kombi, den man kaufen konnte und der die ganzen Utensilien für das Kind mit aufnehmen konnte. Micha krönte das dann noch mit einem Fiat Multipla, dem wahrscheinlich hässlichsten Auto der Welt. Aber später fuhr er auch noch Mercedes und mehrere Audis, die er allesamt aus dem Fundus von Niemeyer rauskaufte, bis er schließlich sein Traumauto erwarb: das Audi Cabrio. Und damit fährt er auch noch heute durch Deutschland oder Italien und hat eine Menge Spaß damit.

Wohnungen

Micha und sein Bruder Hartmut wurden beide in Kiel geboren. Dort wohnten sie gegenüber von unseren Großeltern bis Henry dann 1952 auf sein Motorrad stieg und mit ihm und seiner Frau nach Düsseldorf zog. Hier wohnte Micha als Einzelkind bis ich 1953 dazu kam. Königsallee 104 war die Adresse und das hört sich heute toll an, aber in Wahrheit war das damals eine absolute Bruchbude.

Sie lag in dem kurzen, toten Teil jenseits der Graf-Adolf-Straße. Dieser Teil geht von der Graf-Adolf-Straße ca. 50m weiter bis zur Adersstraße.

Auf der Ecke war das Haus Nummer 104 in dem unsere Eltern eine Wohnung unter dem Dach hatten. Es war ein großes Eckhaus, das es auch noch heute gibt. Allerdings ist da seit über 20 Jahren eine riesige Baustelle und wir rätseln immer noch, warum das so ist. Damals haben da in den unteren Geschossen bürgerliche Leute gewohnt, ich erinnere mich noch an Frau Höhnscheid, Inhaberin eines Bettengeschäftes. Oben unter dem Dach wohnten aber eher so Asis oder besser: Leute mit wenig Geld.

Nach dem Krieg waren Wohnungen knapp und als mein Vater die Wohnung gemietet hat, wurde er auch im Rahmen einer Courtage ziemlich übers Ohr gehauen. In der Wohnung gab es ein kleines Wohnzimmer, ein Schlafzimmer und ein Kinderzimmer, das vorher als Hühnerstall gedient hatte. Dazu war eine Küche da.

Ein Bad gab es nicht und die Toilette war auf der halben Treppe und wurde mit vielen anderen geteilt. Zumindest in der Küche sah man von unten gegen die nackten Dachsparren und die Dachschindeln, verkleidet oder isoliert war da nichts. In der Küche stand auch eine Zinkwanne, in der wir gebadet wurden. Die Eltern gingen in eine Badeanstalt an der Grünstraße. Solche Badeanstalten waren üblich, sie hatten meistens kein Schwimmbecken sondern nur Duschen und Räume mit Badewannen für die Körperpflege.

Hier also wuchsen Micha und ich auf. Unsere Eltern ließen uns öfters alleine, wenn sie feiern wollten und Micha passte auf mich auf. Wir spielten zusammen und ich erinnere mich, dass wir dabei mal den Ofen untersuchten und ausräumten. Im Zimmer lag dann viel Asche und Kohle herum. Oder einmal spielten wir auch mit unserer Kacke. Wir hatten einen Nachttopf und benutzten den auch. Und ich habe noch ein Bild im Kopf, wo ich mit der abgebrochenen Leiter eines Feuerwehrautos in diesem Topf herumrührte.

Überliefert (ich habe da keine Erinnerung mehr dran) sind auch 2 Unfälle. Einmal hat mich Micha vom Tisch geworfen. Ich lag in einem Wäschekorb und er wollte mich mal ansehen und zog sich an einer Seite hoch, bis der Korb umfiel und ich raus – und auf den Boden kullerte. Das muss so mit 1 gewesen sein.

Recht gut erinnere ich mich noch an Arno. Arno war der Sohn des Gemüsehändlers, der seine Ware in einem kleinen Verkaufswagen an der Ecke Hütten/Adersstraße verkaufte. Er war etwas älter als wir und er war ein Arsch. Er trat uns, kniff uns und machte alle möglichen Späße. Wir waren ihm ausgeliefert.

Eines Tages war er weg. Wir hörten dann, dass er Opfer eines Autounfalles geworden war. Und ja: wir haben uns sehr gefreut.

1958 besuchte Micha seine Patentante Inge in Gelnhausen und in der Zwischenzeit zogen wir um. Als Micha dann zurückkam, wohnten wir in der Lessingstraße 2 in Oberbilk. Die Zeit da ist im Kapitel „Jugend" beschrieben.
Micha und ich in einem Zimmer war immer belastet. Als dann noch Martin dazu kam, wurde die Lage trotz des ausdrücklichen Verbots, uns zu streiten, nicht besser. Aber dann konnten die Eltern ein Mansardenzimmer im 5. Stock mieten und Micha zog nach oben.
Das war natürlich das Paradies. Ein Stück weit weg von den Eltern (und dem kleinen Bruder) mit viel Freiraum zum saufen, kiffen und allen anderen Aktivitäten, die in der elterlichen Wohnung eher schwierig waren. Aber das Verhältnis vor allem mit Henry wurde immer schwieriger, so dass Micha sich irgendwann auch mal ein Herz fasste und auszog.

Die erste, echt sturmfreie Bude war dann in der Geibelstraße in Grafenberg. Das ist ein schönes

Villenviertel und er hatte da ein kleines Zimmer für sich.

Schön war, als ihn eines Tages unsere Mutter besuchte. Nun muss man wissen, dass Ida immer gut ausgesehen hatte und sich auch immer topmodisch kleidete. Da hatte sie ein Faible für und das stand ihr auch.

Kurz darauf schellte bei ihr zuhause das Telefon. Die Vermieterin war dran und berichtete aufgeregt, dass Micha Damenbesuch empfangen hatte. Und noch schlimmer: da war eine erwachsene Frau gewesen! Sie konnte sogar Datum und Uhrzeit nennen. Aber da konnte Ida nur lachen: Sie, Michas Mutter wäre das gewesen. Und sie freute sich natürlich, dass man in ihr möglicherweise die Geliebte von Micha gesehen hatte. Ödipus, oh Ödipus….

Aber Micha wohnte da nicht lange. Der Konflikt mit den Eltern fand nicht nur bei uns statt, sondern auch bei Ulrike. Die wollte auch nicht mehr bei den Eltern wohnen und so suchten sich die beiden zusammen eine Wohnung. Und sie landeten in der Eulenburg.

So nannten wir die Wohnung in der Eulerstraße. Es war ein altes Haus und es hatte oben etwas, was 2 kleine Türmchen ähnelte, daher der Name. Denn der Turm war im kleinen, gemütlichen Wohnzimmer. Die Wohnung war im 4. Stock (Altbau) und der Aufstieg war mühsam, aber lohnenswert.

Es gab einen kleinen Flur, von dem kam man ins Schlafzimmer oder ins Wohnzimmer. Vom Wohnzimmer aus ging es durch eine sehr kleine Türe in die ebenfalls kleine Küche. Das Bad war außerhalb auf der gleichen Etage.

Im Wohnzimmer dominierte ein Stützbalken den Raum, um den Micha einen kleinen Tisch gebaut hatte. Und natürlich der halbrunde Turm. Unten wohnte Alfons & Friends. Alfons war eine Schildkröte, die eine schöne Wärmelampe hatte und eigentlich die ganze Zeit fraß oder fickte. Ein schönes Leben. Über Alfons wohnte die damals übliche turmförmige Stereoanlage, mit deren technischen Spezifikation wir uns im allgemeinen so intensiv befassten, wie wir es eigentlich mit dem Studium hätten tun sollen.

Und natürlich die Plattensammlung.

Hier wohnten Micha und Ulrike und später sollte auch noch Mäxchen einziehen. Mäxchen war ein kleiner Igel, den die beiden irgendwo gefunden hatten und der in der Eulenburg überwintern durfte.
Die Wohnung war toll und entsprach auch in meinen Augen einer Bleibe, wie sie jungen Studenten gebührt.

Und hier fanden legendäre Feten, und Sauf- und Kiffabende statt. Michas Freunde hatten die Wohnung genauso in ihr Herz geschlossen, wie ich. Ganze Nächte haben wir getrunken, Musik gehört und uns unterhalten. Oft bin ich bei Anbruch des Tages ziemlich angetrunken nach Hause gefahren.

Hier in Eulenburg fanden auch die legendären Aufnahmen zu ‚Flinsen-Jochens Reisen' statt. Sehr kreativ hatten Ulrike, Micha und deren Freund Wolfgang eine Musikkassette zusammengestellt, auf die sie ein Hörspiel für mich gesprochen hatten. Es handelte von einer gedachten Reise, die ich machte, um mein Boot zu verkaufen. Hintergrund war, dass ich mir eine Jolle gekauft hatte und nun endlich doch eine Yacht haben wollte. Dazu musste ich aber die Jolle erst mal möglichst teuer verkaufen und lehnte daher viele Freizeitaktivitäten ab (keine Zeit, ich muss mein Boot verkaufen!!)

Und wo ich gerade die Stereoanlage erwähnte: hier war Micha auch fleißig unterwegs. Das kennt man heute nicht mehr. Heute habe ich z.B. ein iPhone und einen Bluetooth-Lautsprecher. Damals hatte man mehrere Komponenten, die übereinander gestapelt wurden: Verstärker, Tuner, Kassettendeck und Plattenspieler war das Mindeste. Letzterer hatte MINDESTENS ein Shure-System und natürlich hatte das Kassettendeck Dolby und man benutzte Chromdyoxid-Kassetten oder sogar Eisenkassetten. Micha hatte einen Kirksaeter-Verstärker.

Das war eine kleine Verstärker- und Boxenschmiede aus Schweden, die hier in Düsseldorf eine Niederlassung hatte. Das war was ganz Edles! Und gute Lausprecherboxen gab es damals nicht. Die musste man sich selber bauen. Dafür gab es damals bei Arlt eine große Abteilung mit entsprechenden Hoch- Mittel- und Tieftönern und die dazugehörigen Frequenzweichen.

Das Bauen einer Box dauerte ca. 6-7 Stunden, das Diskutieren über Qualität, Frequenzbereiche, stramme Bässe und sehr sehr feine Höhen dagegen Tage und Wochen. Die Affinität zur Technik (schließlich sollte Micha mal Ingenieur werden) begleitet meinen Bruder bis heute.

Die Ära Eulenburg dauerte bis.....Dagmar. Es entstand ein (verständlicher) Streit und ein Zerwürfnis mit Ulrike und die schmiss meinen Bruder raus. Der zog dann für 2-3 Wochen zu mir nach Wuppertal und kehrte dann in die dann aber leere Wohnung in der Eulerstraße zurück. That's life!

Ulrike hatte sich eine Wohnung in der Artusstraße gemietet und hatte da ein neues Leben begonnen. Die Dagmar-Geschichte war nicht besonders lang und Micha begann mit dem backen von kleinen Brötchen. Er suchte das Gespräch und begann, Ulrike zu besuchen. Nach einiger Zeit blieb er dann auch mal über Nacht und brachte beim darauffolgenden Besuch seine Zahnbürste mit. Und ein Hemd zum Tauschen. Und irgendwann auch mal die Stereoanlage. Und so wanderte Stück für Stück etwas aus der Eulenburg in die Artusstraße, bis Micha dann auch offiziell da einzog.

Die Artusstraße war was ganz anderes. Das Haus war neuer und die Gegend war viel ruhiger und grüner. Die beiden wohnten wieder oben unter dem Dach. Es gab ein langgestrecktes Wohnzimmer und eine geräumige Wohnküche. Die war das Herz der Wohnung. Ulrike hatte sich schon sehr früh als ambitionierte und exzellente Köchin präsentiert und hier konnte sie sich austoben. Und die Gäste, die hier bald zahlreicher waren als in der Eulerstraße, waren auch alle in der Küche und alle hatten wie auch schon vorher, viel Spaß.

Die Beziehung hatte sich wieder vollständig stabilisiert, Ulrike ging weiter zur Schule und Micha fing an, bei Niemeyer zu arbeiten. Business as usual. Die beiden wurden bürgerlich.
Das verstärkte sich noch, als Ulrike schwanger wurde. Nun wurde geheiratet und der Wunsch nach einer anderen Wohnung entstand.

Aber da kam der Zufall zur Hilfe. Unser Freund Reinhard hatte Jahre vorher ein tolles, kleines Einfamilienhaus in Unterbach gefunden und gemietet. Ein wirklich schönes Haus mit großem Garten und 2 Garagen: Ein Paradies. Und bei Reinhard kamen jetzt 2 Dinge zusammen. Einerseits war seine Frau Moni auch schwanger, andererseits waren seine Eltern gestorben und deren Haus in Ratingen stand zur Disposition. Und so kam es, dass Reinhard und Moni nach Ratingen zogen und Micha und Ulrike das Haus in der Vennstraße übernahmen.

Die Vennstraße war toll. Ein freistehendes Haus in der 2. Reihe mit einer Terrasse im 1. Stock und einer noch schöneren Terrasse neben dem Haus. Das

Haus war nicht wirklich groß, aber es war ein gemütliches Wohnzimmer da und eine winzige Küche. Oben waren dann noch das Badezimmer, das Schlafzimmer und ein kleines Kinderzimmer. Richtig viel Platz war in dem Garten. Da gab es die eben erwähnte Terrasse mit einem große Tisch und dann auch noch richtig viel Garten. Und in dem Garten stand noch ein kleines Haus. Das bestand nur aus einem Zimmer und anfangs wohnte da auch noch jemand, aber später miete Micha es dazu und noch später hatte Finja da ihr Jugendzimmer. Ja, Finja. Die kleine Tochter, die kurz nach der Hochzeit kam und die das Leben der beiden komplett umkrempelte. Aber die hatte in dem Haus und auf dem Grundstück natürlich ein fantastisches Paradies.

Neben dem Haus waren auch noch 2 Garagen, aber die wurden weniger für die Autos verwendet, sondern mehr als Abstellraum: das Haus war nicht unterkellert und da fehlte natürlich Platz für das ganze Gepöngels, das so eine kleine Familie mit Kind umgibt.

Und natürlich ist Unterbach auch noch heute ein Stadtteil, der deutlich ruhiger und friedlicher ist, als die Innenstadtbereiche von Düsseldorf. Ein nicht abgeschlossenes Fahrrad hat hier gute Überlebenschancen, im Düsseldorfer Zentrum wundern wir uns, dass die mit Kette fixierten Räder immer noch da sind.

Wenn ich an die Vennstraße denke, denke ich an alle möglichen Feten und einmal leider auch an einen Einbruch. Während die Familie in Urlaub war, hatten Einbrecher ein Fenster eingeschlagen und neben einigen Diebstählen auch eine Spur der Verwüstung hinterlassen.

Davon dann auch noch im Urlaub zu erfahren, war sicher die Höchststrafe.

Ich denke, die 3 waren da sehr glücklich, auch wenn das Haus technisch einige Wünsche offen ließ. Es war nicht teuer, aber die Vermieter machten auch nichts mehr daran. Und so kam der Tag, an dem der Vermieter den Vertrag kündigte, weil er das Haus abreißen, und ein neues, größeres auf das wertvolle Grundstück stellen wollte. Und dann hieß es umziehen.

Das ist in Unterbach nicht so einfach. Wohnungen sind überall in Düsseldorf knapp und Unterbach ist eines der Viertel in das viele Menschen, vor allem mit kleinen Kindern, gerne ziehen. Finja sollte aber in ihrer gewohnten Umgebung bleiben und so suchte Micha eine Zeit lang. Und dann kam der Zufall zur Hilfe und bescherte den dreien die Wohnung am Schwalbenberg, wo sie auch heute noch wohnen. Eine großzügige Maisonette in einem modernen Haus bietet viel Platz, 3 Balkone als Ersatz für den Garten und den Verbleib in ihrem Stadtteil. Finja bekam hier ein schönes Zimmer der Wunsch, in Unterbach zu bleiben, wurde auch erfüllt.

Freundinnen

Micha und die Frauen.

Kapitel 1 war Marlies. Diese Affäre haben wir gemeinsam. Ich habe sie schon eingangs beschrieben und danach war (wie bei uns allen) erst mal Pause. Micha interessierte sich für Mädchen, war da aber behutsamer als ich. Einmal, im Jugoslawien-Urlaub mit den Eltern, hatte Micha sich mit einem Mädchen aus England angefreundet. Und sicher auch mal versucht, zu knutschen. Aber dann war wieder Pause. Ich hatte auch ein Mädchen aus Berlin kennengelernt, aber das war auch nichts für die Ewigkeit.

Später, Micha war so um die 12 oder 13, da hatte er mal ein Date in der Altstadt. Das sollte im Eiscafé Pia sein, das es heute noch gibt. Aber unsere Mutter hatte die wenig geniale Idee, dass er mich mitnehmen sollte. Da hatte er natürlich überhaupt keinen Bock drauf, schließlich war ich damals dann gerade mal 11 und als Begleitung bei einem Tete á Tete völlig ungeeignet. Micha hatte sich wieder mal chic gemacht und ich hatte kurze Hosen und von der Reparatur meines Fahrrades schmutzige Fingernägel. Keine Traumbegleitung.

Micha war durchaus an Mädchen interessiert und schließlich war er es auch, der mir das Küssen beibrachte. Und natürlich erinnere ich mich auch daran, wie wir mal bei seinem Schulkamerad Klär waren. Klär war etwas älter und hatte uns eingeladen, seinen Schwanz anzufassen. Für mich war das beeindruckend. Aber das war es dann auch mit den gleichgeschlechtlichen Erfahrungen.

Als wir dann noch mal in Urlaub an der Adria waren, fand Micha die wohl erste Liebe seines Lebens: Rosika. Das war ein hübsches Mädchen, die aus Ljubljana kam und die ihm schöne Augen machte. Das war in der Zeit, als Micha noch die Rüstung trug. Rüstung? Mir fällt kein besseres Wort dafür ein.

Micha hatte, wie wir alle, Pickel und Mitesser. Einen Preis, den wir in der Pubertät zahlen müssen. Aber ich bilde mir ein, dass er durch das ständige Ausdrücke und Rumfummeln die Situation eher verschlimmerte, als verbesserte. Ich hatte lange nicht so viele Pickel, aber ich fand es immer ekelig, daran rumzudrücken und es gelang mir auch, meine Mutter davon abzuhalten, das bei mir zu machen. Die liebte diesen Sport auch sehr.

Micha hatte eine Menge Pickel auf der Stirn und nutze seine länger werdenden Haare dazu, eine Tolle zu formen, und die kunstvoll über die gesamte Stirn zu legen.

Natürlich hielt das nicht von alleine sondern wurde mit einer 4tel Dose Haarspray dazu gezwungen.
Knallhart lag das Haar fortan auf der Stirn und bewegte sich keinen Millimeter. Ich denke, dass Micha in dem Alter selbst einen vorne aufgesetzten Kopfschuss spielend überlebt hätte.

Aber irgendwie fand Rosika Michael toll. Er nutze aber auch sehr geschickt unseren damals sehr kleinen und niedlichen Bruder Martin. Er kümmerte sich rührend um den Kleinen und wies sich damit als Heiratsmaterial öder als potentiellen Befruchter aus. Bei Rosika hatte das geklappt. Hingegen hatte Lydia kennengelernt, auch eine Jugoslawin, aber mit der hatte ich mich schnell gestritten. Aber das ist eine andere Geschichte.

Wieder zuhause hatte ich mal ein Mädchen auf der Linienstraße angebaggert, aber da stellte sich schnell heraus, dass die an mir nicht interessiert war, sondern dass sie mich nur als door-opener für meinen Bruder wollte. Der aber stieg – warum auch immer – darauf nicht ein.

Micha verfolgte eine andere, damals durchaus gängige Strategie. Zusammen mit seinen Freunden Wolfgang und Klaus ging er zur Tanzschule. Sie hatten sich die Tanzschule Kaechele ausgesucht. Dazu muss mal wissen: Discos gab es zu der Zeit noch nicht und so war eine Tanzschule der gute Ort, das andere Geschlecht kennenzulernen. Und in Düsseldorf gab es zu der Zeit auch nicht so viele Tanzschulen. Soviel ich weiß, waren da nur die Tanzschulen Fern (teuer!!), Dresen (auch nicht billig) und eben Kaechele.

Und hier lernte er dann Ulrike kennen. Er erzählte vorab wenig davon, ich wusste nur, dass er mit seinen Freunden dahin ging und dass er sich vorher immer aufwändig stylte. Schien was Aufregendes zu sein. So ging das bis zu seinem 16. Geburtstag.

Hier sollte dann bei uns eine Fete stattfinden und da sollte die geheimnisvolle Freundin aus der Tanzschule auftauchen. Wolfgang und Klaus waren auch eingeladen und so warteten wir in unserem Wohnzimmer auf die Mädchen. Wir schauten aus dem Fenster und nach und nach tauchten die auf. Und dabei war dann auch Ulrike.

Das war dann in meiner Beobachtung der Beginn einer langen Freundschaft. Heute, 54 Jahre später, besteht diese Beziehung immer noch.

Ulrike war sehr hübsch und auch sehr aktiv. Wo sie war, waren auch immer andere Leute, die gerne mit ihr sprechen wollten, oder ihr zuhörten. Ein Mittelpunkt.

Und sie waren meine Vorbilder. Seit die beiden als Pärchen auftraten, hatte sich ihr Status verändert. Sie waren erwachsen. Sie waren ein Paar, wie auch unsere Eltern. Irgendwie spielte sich aus meiner Sicht viel mehr auf Augenhöhe mit den anderen Erwachsenen ab, als vorher.

Und das wollte ich auch. Ich hatte damals meine Karin und ‚erbte' damit auch ein wenig den Status der Älteren. Und das habe ich genossen. Auch, wenn mir klar war, dass die Verbindung zwischen Ulli und Micha was anderes war, als zwischen Karin und mir. Wir waren eher noch Kinder…

Es folgten viele Feste im Garten oder auch bei den Beiden zuhause. Da war ich oft und wir haben viel zusammen erlebt. Auch mein erster langer Urlaub (dazu komme ich später) habe ich mit dem Paar zusammen verbracht. Herrliche 6 Wochen Spanien. Die beiden waren unzertrennlich bis auf....
Ja, da war was. Da war Uschi. Uschi war eine sehr attraktive Frau, die wir gemeinsam bei dem Persil-Fernsehwerbungs-Dreh in Benrath kennengelernt hatten. Sie wurde uns da, gemeinsam mit Anne-Dörthe, als Schwester von unserem Freund Reinhard vorgestellt. Später stellte sich heraus, dass wir das nicht richtig verstanden hatten. Anne Dörthe war die Schwester, Uschi die Schwägerin.

Uschi war äußerst attraktiv. Lange, dicke rote Haare und ein hübsches Gesicht rundeten die schöne Figur ab. Sie wusste um ihre Wirkung auf Männer und gab auch richtig Gas. Kein Wunder, dass sich Michas Aufmerksamkeit auf sie richtete. Ich versuchte zwischendurch mein Glück bei Anne-Dörte, blieb aber erfolglos. Micha hatte aber Erfolg und genoss das auch.

Wir trafen die beiden ein paar Mal und einmal nahm Micha sie auch mit zu uns nach Hause. Da saßen wir dann zusammen (ich war auch dabei) und quatschten. Unsere Mutter hatte zu der Zeit in der Altstadt gearbeitet und da in einem Restaurant den Garderobenstand betreut. Und gegen Mitternacht kam sie dann nach Hause.

Und traf dann in ihrem Wohnzimmer auf Micha, Uschi und mich. Uschi lag auf dem Sofa und hatte ihren Kopf auf Michas Schoß. Nichts wirklich Verwerfliches, aber unsere Mutter hatte wohl auch schon Untreue in ihrer Ehe erfahren und ging hoch wie eine Rakete: „Sie Hure!! Was machen Sie hier in meiner Wohnung?? Raus!!!!!" Und Micha bekam danach auch noch einiges zu hören. Unschön.
Aber Ulrike wusste dann irgendwann auch Bescheid und die Beziehung zwischen den Beiden war zu Ende.

Zu Ende?

Nein, Uschi war die Versuchung und Micha konnte nicht NEIN sagen. Aber das Herz hing dann wohl doch eher an Ulrike.

Und irgendwie haben die Beiden sich auch wieder zusammengerauft.

Eigentlich wäre ‚Micha und die Mädchen' ein sehr kurzes Kapitel, wenn da nicht Dagmar gewesen wäre.

Dagmar war ein attraktives Mädchen aus Luxemburg. Sie wohnte ausgerechnet als Untermieterin bei Ulrikes Mutter in Grafenberg. Dort lernten wir uns anlässlich einer großen Fete mal kennen. Neben Ulrike und Micha waren auch italienische Freunde da und einer der Höhepunkte des Abends war es, dass einer der Italiener vor unseren Augen anfing, Glas zu essen. Zumindest war das einer meiner Höhepunkte. Micha hatte an dem Abend aber vor allem Augen für den Gast aus dem europäischen Nachbarland und ohne, dass ich da irgendwas von gemerkt hätte (ich war mit dem Glas essenden Italiener beschäftigt) hatte es gefunkt. Und Micha begann, sich mit Dagmar zu treffen. Krise Nummer 2!!

Natürlich merkte Ulrike das und der Krach und das Zerwürfnis waren vorprogrammiert. Micha flog raus und zog dann interimsweise zu mir nach Wuppertal. Ich hatte eigentlich gehofft, da mehr mit ihm unternehmen zu können, aber er nutzte die Zeit, um Dagmar öfter zu sehen und für ein paar Tage wohnten die beiden bei mir. Aber diese Beziehung dauerte nicht zu lange.

Ulrike war in der Zwischenzeit ausgezogen und hatte sich eine Wohnung in der Artusstraße genommen. Micha war nun alleine in der Eulenburg und verzehrte sich nach Ulrike.

Die aber war weg. Nicht nur aus Michas Leben, sondern auch aus Düsseldorf. Ihre Schwester Gitta hatte einen Italiener geheiratet und Ulrike war über Silvester zu deren Sommerhaus gefahren. Nun hatte Micha die spontane Idee, da hin zu fahren und seine Geliebte spontan und unangekündigt zu besuchen.

Aber das sollte natürlich nicht alleine geschehen. Und so trafen wir uns und er überredete mich, mitzukommen.

Heute wundere ich mich darüber, wie spontan wir damals waren. Klar, wir hatten immer viel Zeit und wir waren definitiv die Herren unserer Prioritäten, und so war mir der Gedanke: Komm, wir fahren mal eben nach Italien! nicht so fremd. Ich rief meine damalige Freundin Ina an und wir setzten uns ins Auto.

Wir fuhren quer durch Deutschland und wechselten uns ab. Am frühen Morgen erreichten wir die Schweiz. Wir waren schon ziemlich gerädert und als der Zöllner uns fragte, ob wir Waffen oder Drogen bei uns hätten, flippte meine mit einer sehr kurzen Zündschnur ausgestattete Freundin aus: „Braucht man die hier?" fuhr sie den Zöllner an. Der hatte aber jetzt alle Zeit der Welt und wir mussten aussteigen und die Kollegen filzten das Auto. Nach einer endlosen halben Stunde ging es dann weiter.

Wir fuhren durch die Schweiz und kamen nach Italien. Dort ging es dann über kleinere Straßen weiter bis wir zu dem Ort kamen, wo Ulrike wohnte. Wir parkten und Micha ging alleine, um mit Ulli zu sprechen.

Nach 5 Minuten kam er zurück. Und er sah nicht glücklich aus. Nein.
Sie hatte Nein gesagt. Sie wollte ihn nicht sehen, und sie wollte auch nicht Silvester mit ihm feiern. Sie wollte ihn nie wieder sehen und nie wieder mit ihm feiern.

Von uns redete kein Mensch.

Wir fuhren in den nächsten Ort und aßen erst mal was. Viel gesprochen haben wir nicht. Und dann haben wir uns auf den Rückweg gemacht. Italien, Schweiz und Deutschland. Als wir in Düsseldorf ankamen, kam auch das neue Jahr. Überall flogen die Raketen und Silvesterkracher und wir waren einfach nur kaputt. Und ich glaube, dass wir um 1 Uhr im Bett waren. Frohes neues Jahr!!

Aber letzten Endes ging auch das wieder gut und Micha und Ulrike fanden sich wieder. Und von da an gab es nur noch ein weiteres Mädchen, das Bedeutung in Michas Leben hatte: Finja

Finja ist das gemeinsame Kind der beiden und wurde 1990 geboren. Sie war von Anfang an ein ‚Papa Kind' und Micha vergötterte sie. Sie hatte eine schwere Jugend, weil sie oft Mobbing ausgesetzt war. Grund dafür war einerseits, dass sie immer etwas ‚mopsig' war, aber dann war da auch noch eine ausgeprägte Dyskalkulie und eine gewisse (in unserer Familie nicht selbstverständliche) Intelligenz.

Schon sehr früh interessierte sie sich z.B. für Pferde und hat aufwändige Webpräsentationen darüber gebaut. In der Schule war sie auch sehr gut und vielleicht haben es intelligente Mädchen auch nicht immer leicht. Hinzu kam die Dyskalkulie, die auf ihren durchaus guten Zeugnissen immer einen hässlichen Schmutzfleck hinterließen. Erst, als sie durch einen Schulwechsel auf eine Schule kam, auf der man auf Mathe wesentlich weniger Wert legte, startete sie durch.

Nach der Schule ging es dann schnell auf die Uni und Bachelor und Master waren kein Problem. Nein, weit mehr als das: sie machte das mit exzellenten Noten. Und mutig war sie auch. Schon sehr früh reiste sie nach Paris und wenig später auch nach Japan. Dort hat sie dann auch 2 Semester studiert. Chappeau!! Und heute ist sie Promotionsstudentin.

Hobbies:

Heute ist sicher Finja Michas liebstes Hobby. Aber daneben gibt es auch noch einige andere. Da ist sicher das, was wir alle lieben: Essen und Trinken. Und da ist er bei der phantastischen Köchin Ulrike in guten Händen. Aus der Studentenzeit ist auch noch eine große Liebe zur Kunst geblieben, die er mit seinen beiden Frauen teilt.

Und dann ist da sein Cabrio, das er seit ein paar Jahren fährt und das ihm (wen wundert's?) großen Spaß macht. Er hat damit schon einige Touren gemacht und ist, wie sich das gehört, auf kleinen Nebenstraßen gecruist. Aber der Wagen bringt ihn auch zu seinen Lieblingsorten in Italien. Seit vielen Jahren fahren die beiden vorwiegend nach Sizilien. Meistens fliegen sie da hin (ist ziemlich weit weg), aber in 2021 gibt es eine große Tour mit dem Cabrio da runter.

Die 2 haben da unten Freunde und sie lieben die Kultur, das Essen und schließlich auch das Wetter. Beide sprechen gut italienisch, das macht das Ganze leichter und damit macht das auch mehr Spaß. Sie sind auch oft in Norditalien, Ulrikes Schwester lebt da mit ihrem Mann und sie besuchen die Familie da auch sehr häufig.
Neben Sizilien gibt es allerdings auch Ibiza. Mindestens einmal im Jahr geht es dann auch auf die Baleareninsel. Über Freunde können die 2 da ein Haus mieten und fühlen sich da auch sehr wohl. Die Lebensart und die Küche der Spanier zieht die

beiden an und natürlich auch das herrliche Mittelmeer-Wetter.

Ursprünglich sollte Micha ja Techniker beziehungsweise Ingenieur werden. Vielleicht wäre das auch was für ihn gewesen. Er bastelt nämlich ganz gerne. Und er ist da auch geschickt. Es sind Elektronik-Basteleien, aber auch richtiges Handwerk, wie z.B. die Garderobenschränke, die er gebaut hat.

Da hat er echt mehr Talent zu als ich. Wenn ich etwas bastele, sieht das auch immer gebastelt aus, wenn es überhaupt fertig wird.
Und wenn Micha etwas Technisches bastelt, ist es oft von Apple.

Eigentlich sollte Micha bei Steve Jobs arbeiten. Ein Teil des märchenhaften Reichtums dieses Mannes basiert auf Michas Einkäufen bei dieser Firma. Im Job ist er sehr früh schon in Kontakt mit dem Produktspektrum gekommen und stand schon auf die Marke, als nur wenige andere das auch taten. Und so hat er viele Generationen von Apple-Hardware genutzt und besessen. Und er war auch begeistert von jeder Technologie, die Apple hervorbrachte, egal wie crappy sie war. Und Kritik wurde nicht gerne gehört.
Nur wenige Menschen wissen, wie viele Apple-Geräte WIRKLICH heute in dem Haushalt sind.
Aber ich muss zugeben, dass auch ich vor einigen Jahren vom eingefleischten Windows-User umgeschwenkt bin zu der Marke. Es ist nicht alles

Gold, was glänzt und das Zeug ist sicherlich auch sehr teuer, aber Spaß macht es schon.

Micha und die Musik. Micha mag Musik, vor allem, wenn sie von seiner Lieblingsband, den Kinks, kommt. Zu der Band und vor allem zu dem Bandleader hat Micha ein fanatisches Verhältnis, vergleichbar mit dem zu Steve Jobs. Micha hat alle Platten und verfolgt auch alle Berichte zu der Band – auch noch heute. Aber er hört auch andere Bands und ist durch seine Tochter da auch eher auf dem Laufenden, als ich, was populäre Musik betrifft. Aber er hat auch einen Zugang zu Jazz und – nicht zu vergessen – er spielt leidlich Klavier und, glaube ich, auch ein wenig Gitarre.

Bei den schönen Künsten steht aber die Kunst oder auch die Malerei ganz oben auf der Liste. Er und Ulrike interessieren sich für Kunst und besuchen auch regelmäßig Ausstellungen. Während mein Kunstverständnis eher gegen Null geht, hat Micha da ein ganz anderes Verhältnis dazu. In seiner Jugend war er auch ein ganz passabler Künstler. Seine Zeichnungen mochte ich immer sehr und da war ich nicht alleine. Einerseits schade, dass er das Studium an der Kunstakademie nicht durchgezogen hat, andererseits: Nur absolute Spitzenkünstler können davon leben. Ich erinnere mich noch gut an eine große Ausstellung in Düsseldorf, die Teenage Art. Das war im Februar 1970 im Haus der Jugend. Wir waren damals 17/19 Jahre alt und Micha stellte hier, zusammen mit unserem Nachbarn und Freund Klaus, seine Werke aus.

Hier wurde aber nicht nur Malerei präsentiert, sondern es waren Exponate und happenings aus allen Bereichen. Es gab Theater, Film, Musik und was weiss ich noch. Die Musik war sehr laut und ziemlich rockig und ich kann mich noch gut an einen Film erinnern, in dem einer der Darsteller rote Beete aß und sie danach wieder ausbrach. Ich saß in dem Vorführraum und sah fassungslos zu, wie der Typ da in die Kamera kotzte. Toll!

In dem Bereich, in dem Micha ausstellte, ging es ruhiger zu. Hier kamen Kunstinteressierte vorbei und sahen sich die Bilder an. Micha hat auch einige davon verkaufen können. Chappeau!

Micha hatte damals auch sehr enge Kontakte in die Kunstszene. Idas Freundin Janusch war eine Mäzenin und scharte viele Künstler aus der Düsseldorfer Szene um sich. Da wurde viel gefeiert und gesoffen. Manchmal war ich auch dabei und habe es immer sehr genossen. Wie sehr, hat sich dann 1:1 in meinen Schulnoten widergespiegelt. Aber Micha mit seinem Kunstverständnis hat da eine Menge mitbekommen und mitgenommen.

Wir hatten aber auch gemeinsame Hobbies. Ganz vorne mit dabei waren z.B. Stereoanlagen. Wir hatten uns (und Micha mehr als ich) mit der Zeit ein profundes Fachwissen angeeignet. Die Anlagen in der Zeit (70iger) waren wirkliche ANLAGEN im Wortsinn. Da, wo heute eine Soundbar im Wohnzimmer unter dem Fernseher liegt und der dazugehörige Subwoofer ein trauriges Dasein unter dem Sofa absolviert und beide von einem Smartphone gespeist werden, befand sich früher ein riesiger Turm von Komponenten.

Da war das Herzstück, der Stereo-Verstärker. Flankiert wurde er von einem Plattenspieler und einem Radio-Tuner. Manchmal waren Tuner und Verstärker integriert, aber das mochte zumindest ich nie. Der Verstärker hatte 2 Endstufen mit möglichst hoher Leistung und getrennte Regler für Höhen und Tiefen. Beim Plattenspieler kam es auf das „System" an. Das war der Tonabnehmer (gerne von der Firma Shure) und die dazugehörige Nadel.

Der Tonarm hatte ein Gegengewicht und wurde penibel ausbalanciert. Manche Tonarmlifte hatten einen Dämpfer und setzten sehr weich auf. Und die Platten wurden gerne auch nass oder trocken während des Abspielens gereinigt.

Endgültig over the top ging es dann bei den Lautsprecherboxen. Minimum waren 3-Wege-Boxen mit einer leistungsfähigen Frequenzweiche. In den Boxen musste dann ein gewaltiger Tieftöner wohnen, ein Mitteltöner und ein wispernder Hochtöner. Die Boxen mussten auch tüchtig Leistung vertragen, um einerseits laut zu sein und andererseits ohne Übersteuerung einen brutalen Bass rauszubringen.

Ergänzt wurde die „Anlage" dann noch durch ein Kassettendeck mit einem oder 2 Laufwerken und einer Dolby-Rauschunterdrückung. Diese Decks wurden dann gefüttert mit Billigkassetten (die einen traurigen Klang hatten und auch oft kaputt gingen) oder, wenn wir Geld hatten, mit Chromdyoxid- oder gar Eisenkassetten. Die hatten den besten Klang. Rauschten aber irgendwie alle. Die Bänder gab es als 60iger, 90iger und 120iger, wobei die Zahl immer die Wiedergabezeit in Minuten widerspiegelte. Bei den 120igern war aber das Medium so dünn, dass der Bandsalat oder, schlimmer noch, gerissene Bänder die Folge waren.

Bei meiner Stereoanlage gab es noch ein riesiges Akai-Tonbandgerät und einen Equalizer, mit dem man einzelne Tonfrequenzen anheben oder dämpfen konnte. Das Ganze war ein Switchbord wie in einem Flugzeug.
Ich bin mir nicht sicher, ob wir mehr Musik gehört oder mehr über die Technik gefachsimpelt haben. Aber schön war es in jedem Fall.

Unsere Anlagen kamen immer irgendwie vom Gebrauchtmarkt. Damals gab es Händler, wo man solche Komponenten gebraucht erwerben konnte und Boxen haben wir auch gerne selber gebaut. Die Ergebnisse waren nie wirklich schön, aber in technischer Hinsicht waren sie in unseren Augen den „Kaufboxen" bei weitem überlegen. Auch, wenn sich der Wohnraum in unseren kleinen Wohnungen damals signifikant verringerte, wenn die beiden Trümmer im Wohnzimmer standen und unsere Nachbarn (auch ein Haus weiter) erfreuten.

Und was macht mein Bruder noch gerne? Er hat schon früh eine Liebe zu Italien entwickelt. Begonnen hat das, als er in Oberkassel bei Janusch Taxi gefahren ist. Da waren auch viele italienische Taxifahrer angestellt, mit denen er sich schnell angefreundet hat.

Die Kollegen waren nett und fuhren regelmäßig in die Heimat, die Familie besuchen. Und sie mochten Micha auch gerne und forderten ihn auf, sie da unten mal zu besuchen. Und irgendwann machte Micha das auch. Soviel ich weiß, begann er auch parallel dazu, einen Italienisch-Kurs zu belegen; mit seinen Latein-Vorkenntnissen war das fast naheliegend. Und so begann eine lange Reihe von Sizilien-Besuchen.

Anfangs knüppelte er die Strecke komplett den Stiefel runter auf eigenen Reifen, später nahm er dann die Fähre von Genua und öfters ist er auch da runtergeflogen und hat sich da einen Leihwagen genommen. Er hat da viele Freunde gewonnen und war an vielen Orten. Noch in diesem Jahr, in dem ich diesen Text schreibe, ist er mit seinem Cabrio doch noch mal auf Sizilien gewesen und ich glaube nicht, dass es das Letzte Mal war.

Und wenn er nicht nach Sizilien reist, dann reist er halt nach Ibiza. Das ist einer seiner weiteren Sehnsuchtsorte. Durch Freunde mietet er dort immer ein schönes Haus und genießt die mediterrane Atmosphäre. Das, was bei mir lange Zeit Segeln und Holland war, ist bei ihm Sizilien und Ibiza.

Einmal gab es eine Ausnahme. Da ist er tatsächlich mal woanders hingefahren. Allerdings war das eher Ulrike, die das getriggert hat. Er war in New York. Die beiden haben eine gemeinsame Reise in die Stadt von Frank Sinatra gemacht und böse Zungen behaupten, dass das Highlight für ihn der Besuch beim Apple-Store war.

Und, wo wir gerade bei Urlauben sind, da fällt mir die Reise nach Jugoslawien ein. Es war in der Zeit, als ich angefangen hatte, zu studieren und mit Barbara zusammen war. Barbara und ich wollten in Urlaub fahren und ich hatte die Idee, noch mal nach Jugoslawien zu fahren, wo wir damals mit den Eltern waren.

Micha war zu der Zeit mehr oder weniger solo; die Beziehung mit Ulrike steckte in einer tiefen Krise und bei den beiden war kein gemeinsamer Urlaub angesagt. Und irgendwann fragte er dann, ob er mitkommen könnte.

Nichts lieber als das, Platz im Auto war genug und wir kannten uns ja alle schon vom Spanienurlaub her.
Einziges Problem war erst mal das Auto. Ich hatte einen Fiat 850, aber der war nicht fahrbereit. Aber das Glück war uns gewogen und am schwarzen Brett der Uni entdeckte ich einen Zettel: DKW1000S zu verkaufen. 100 DM!

Ich fuhr hin und sah mir den Wagen an. Der war damals schon uralt, aber er war ganz gut in Schuss. Und 100 DM war überschaubares Geld.

Also kaufte ich das Ding und übte damit, zu fahren. Es war wunderbar. Der Wagen sprang super an und war sehr flott. Das Benzin-Öl-Gemisch (2-Takter) mischte er sich selber aus einem kleinen Öltank und an die 3-Gang-Lenkradschaltung hatte ich mich schnell gewöhnt. Weniger gut gefiel mir der Durst. 12-15L auf 100 km tat sich die Karre leicht weg. Zum Glück war Benzin damals nicht so teuer wie heute. Auch auf der negativ-Seite stand der Punkt, dass man den Wagen nicht ‚schieben' lassen durfte. Das heißt, dass man, wenn man bergab fuhr, immer mal wieder Gas geben musste, damit Öl an die Kolben kam.

Gas geben beim bergab-fahren: macht man nicht gerne.

Und was ich in den Bergen von Wuppertal auch schnell lernte: Schalten. Wenn man steil bergauf fuhr, musste man frühzeitig in den 1. zurückschalten. Das ging schwer und nur mit Zwischengas. War die Drehzahl im 2. bereits zu niedrig oder man blieb gar stehen, war die Fahrt vorbei. Anfahren am steilen Berg konnte er nicht. Man musste dann rückwärts rollen bis es flacher wurde und neuen Anlauf nehmen.
Ach, und noch was: wenn der Wagen warm war, sprang er per Anlasser nicht an. Anschieben dagegen ging.

Aber sonst war der Wagen toll. Ich fuhr noch in eine Wuppertaler Bosch-Werkstatt, um die Zündung einstellen zu lassen. Ich hatte die Hoffnung, dass sich der Spritverbrauch mäßigen würde, aber die Mechaniker kamen mit dem Zweitakter mit seinen 3 Zylindern und 3 Zündspulen nicht klar.
Und so beluden wir den Wagen eines Tages incl. Dachgepäckträger und fuhren los.

Die Reise ging durch Österreich und Italien und die meisten Bergstrecken fuhr ich, weil ich mit der Schaltung am besten klarkam. In Rijeka schliefen wir dann 2-3 Stunden im Auto auf einem Parkplatz bevor wir dann weiter auf der Küstenstraße nach Süden fuhren. Als wir in Zadar ankamen, hatten wir schon lange keine schönen Plätze mehr gesehen, der letzte Platz, der uns gefiel, war bei Senj gewesen.

Also kehrten wir um und fuhren dahin zurück. Von der Küstenstraße führte ein sehr steiler Schotterweg runter zum Campingplatz und zum Strand. Der Platz lag in einer schönen Bucht. Wir bekamen auch einen brauchbaren Platz, um unser Zelt aufzuschlagen. Und dann begann der Urlaub. Wir faulenzten und badeten. Mit Micha unternahm ich ausgedehnte Schnorcheltouren und abgesehen von den sehr lauten italienischen Nachbarn, war es schön. Die Italiener kannten keine normale Lautstärke, alles, was sie sagten, wurde laut geschrien.

Zum Camping gehörte eine Kneipe, wo es leckeren gegrillten Fisch gab und wahre Eimer, aus denen der

Slibowitz getrunken wurde. Schnell freundeten wir uns mit den Nachbarn an. Es war ein junges Pärchen (Jan und Jannie), die aus Norderney kamen. Und am Abend spielten wir dann oft „schwimmen" in der Kneipe. Eines Tages bekamen die Italiener Verstärkung.

Eine größere Gruppe von laut lärmenden Holländern war angereist, die immer alles gemeinsam machten und dabei auch laut kommunizierten. Aber sie waren gut gelaunt. An einem Tag bin ich morgens vor Tag und Tau losgefahren und habe den Marktplatz in Senj besucht. Es war ein toller Wochenmarkt mit vielen Ständen. Es gab alles: Fleisch und Fisch, Eier und Gemüse, Textilien, Werkzeuge und was-weiß-ich.

An einem Stand gab es alte Flaschen und da standen auch noch ein paar Plastik-Kanister bei. Ich schaute fragend und der Mann meinte: Slibowitz! Na, da wollte ich natürlich was von haben. Der Typ nahm eine alte Martini-Flasche und füllte etwas aus dem Kanister da rein. Und dann nahm er eine kleine Möhre, und steckte sie als Korken oben rein. Kann man machen!

Außerdem kaufte ich noch ein paar Sardellen. Sehr frische, kleine Fischchen. Und dann fuhr ich mit meiner Beute zurück. Nachmittags machte ich mich dann mit Micha an die Arbeit. Wir (kein Scherz) schnitten jeden der kleinen Fischchen auf, entfernten die Innereien und schnitten den Kopf ab. Ich denke, jeder hat so um die 2-300 Fische behandelt. Und dann kamen die in die Pfanne. Lecker, wenn auch viel Arbeit.

An einem anderen Tag haben wir beim Schnorcheln Muscheln gesammelt. An den Uferfelsen hingen viele der kleinen Tiere und mit Plastiktüten sammelten wir sie zu Hauf ein. Wir verbrachten so fast 2 Stunden im Wasser und kamen blaugefroren da wieder raus. Aber lecker war es auf jeden Fall.
Aber dann trübte sich das Wetter ein und es begann zu regnen. Einen Tag. Noch einen Tag. Noch einen Tag. Im Zelt ist das nicht schön. Und der Wetterbericht machte uns wenig Hoffnung. Unsere Nachbarn fingen langsam an, zu packen und wollten flüchten. Sie hatten ohnehin vor, zum Plattensee zu fahren und spontan beschlossen wir: das machen wir auch.

Wir fuhren quer durch das Land, vorbei an Karlovac und Zagreb, bis wir mitten in der Nacht in Letenye, dem Grenzübergang, ankamen.

Dort war ein langer Stau an der Grenze und wir richteten uns auf eine lange Wartezeit ein. Wir standen neben dem Auto und rauchten, und immer, wenn es weiterging, schoben wir den Wagen per Hand in Richtung Schlagbaum. Der Motor war sehr warm und da sprang er ja nie an.

Und so erblickten uns die Grenzer. Wir erledigten den Papierkram mit Pässen und Zollerklärungen und erhielten ein kleines Visum. Und dann fragten uns die Grenzer etwas. Was wir verstanden: Wie viele

Kilometer hat der Wagen drauf? Und darauf antworteten wir: 80.000 km.

In Wirklichkeit wollten die Männer wissen: wie lange schiebt ihr den Wagen schon? Und sie fühlten sich durch die Antwort ziemlich auf den Arm genommen. Aber dann klärten wir das auch und einer der Grenzer, offensichtlich der General, fing an, zu schreien. Aber das galt nicht uns, sondern der Wachmannschaft, die jetzt ankam, und uns umzingelte. Und dann fingen die Männer an, gemeinsam den Wagen anzuschieben. Freundliche Kommunisten!

Der Weg führte uns weiter zum Balaton, wo wir nachts ankamen und dann in und unter dem Auto 2 Stunden geschlafen haben. Barbara zog dann los und kam mit Brötchen zurück. Ungarn hatten sie unterwegs angesprochen und wollten die Jeans, die sie anhatte, kaufen.

Am Tag zuvor war der DKW immer schlechter angesprungen und schon vor Tagen war eine der Halterungen der Ölpumpe abgebrochen. Wir fragten nach einer Werkstatt und fanden auch eine. Mit Händen und Füßen erklärten wir das Problem mit unserem Oldtimer. Der Mann griff wortlos hinter sich und holte eine Zündspule aus dem Regal. Der Motor wurde gestartet und er zog ein Zündkabel nach dem anderen von den 3 Zündspulen!! ab und fand schnell den Übeltäter. Das Geheimnis: Der in der DDR hergestellte Wartburg hatte die gleiche Maschine wie unser DKW! Deshalb kannte der Mann sich auch so gut damit aus. Mutig geworden zeigte ich ihm auch die Halterung an der Ölpumpe und wollte eine neue kaufen. Das lehnte er aber ab und demontierte das defekte Teil, schweißte es zusammen und baute es wieder ein. Warum austauschen, wenn man reparieren kann?

Wir fanden eine Unterkunft bei einer ungarischen Familie. Es war ein kleines Haus und wir hatten Schlafzimmer, eine Küche und ein Wohnzimmer. Später bekamen wir heraus, dass die Familie in der Garage gewohnt hat.

Nach ein paar Tagen am Plattensee fuhren wir dann weiter nach Budapest. Hier kamen wir in der Wohnung eines Arztes unter mit sehr schönen, alten Möbeln. Die Stadt war toll! Wir blieben 2 Tage da und fuhren dann über Wien wieder nach Hause.
Der DKW hatte uns tatsächlich hin und zurück gebracht und fuhr zum Schluss besser, als zu Beginn.

Aber da fällt mir noch was ein. Wenn wir bei Urlaub sind, dann war da natürlich auch noch der Stunt mit Italien. Und das war so. Micha hatte Ulrike ja früh kennengelernt und die Beziehung war nicht die ganze Zeit eitel Sonnenschein. Es gab auch Schattentage und einmal gab es auch Schattenwochen. In so einer Phase traf ich meinen Bruder und er hatte ein Anliegen. Ulrike war bei der Verwandtschaft in Italien und Silvester stand bevor. Und Micha wollte seine (damalige) Freundin gerne sehen.

Also überredete er mich, mit ihm nach Italien zu fahren. Ich war eigentlich mit meiner damaligen Freundin Ina verabredet, aber das stellte kein Problem dar. Sie sollte einfach mitkommen. Also packten wir 2-3 Sachen zusammen und fuhren (ich meine, es wäre mit seinem grünen Mercedes gewesen) abends los.

Wir durchquerten Deutschland und fuhren durch die Schweiz. Morgens früh passierten wir die Grenze zu Italien und fuhren auf kleinen Straßen weiter. Irgendwann kamen wir dann (keine Ahnung, wo wir waren), an.

Ina und ich warteten im Auto und Micha ging in das Haus, um mit Ulrike zu sprechen und die Großwetterlage zu erkunden. Wir waren sicher, dass Ulrike sich unheimlich freuen würde, Micha zu sehen.

Nach 5 Minuten kam Micha aus dem Haus.

Nein.

Sie freute sich nicht und wollte ihn nicht sehen. Sie hatte ihn offensichtlich ausgeschimpft, wie er auf so eine beknackte Idee kommen konnte und hatte ihn fortgeschickt.

Und da saßen wir dann. Wir waren die ganze Nacht unterwegs gewesen und waren ziemlich gerädert.

Und so fuhren wir dann in den nächsten Ort und haben in einer Kneipe was gegessen. Ich kann mich noch gut erinnern, dass ich sehr enttäuscht über die italienische Pizza gewesen bin. Dünner Teig, viel Tomate, wenig Käse und auch sonst wenig Belag. Da gefiel mir die deutsche Pizza besser. Aber wir waren ohnehin wieder auf dem Heimweg. Und so ging es wieder gen Norden.

Ina war ziemlich mies drauf. Sie hatte sich auf Italien gefreut und alles, was sie bekam, waren 20 Stunden Autofahrt. An der Schweizer Grenze mussten wir ziemlich lange warten, was Inas Laune nicht verbesserte. Als dann der Zöllner fragte, ob wir Drogen oder Waffen dabeihätten, fragte sie zurück: braucht man die hier? Die Zöllner reagierten darauf mit einer etwas genaueren Inspektion von Auto und Gepäck.

1 Stunde später waren wir dann wieder unterwegs. Stundenlang ging es durch Deutschland und die 2. Nacht begann. Und als wir endlich in Düsseldorf eintrafen und durch die Stadt nach Hause fuhren, wurden wir von den Silvesterraketen begrüßt. Das neue Jahr hatte ohne uns angefangen….

Und was gibt es noch zu erzählen?

Es ist erstaunlich, dass man nach so vielen Jahren dann doch nicht so viel erzählen kann. Nach unserer Kindheit und Jugend haben wir uns unterschiedlich entwickelt und jeder sein eigenes Leben geführt. Ich hatte meine unterschiedlichen Jobs / Wohnungen und Partner und Micha hat sein Ding gemacht. Wir haben auch unsere Differenzen gehabt. Als ich Jutta, meine erste Frau, geheiratet habe, waren Micha und Ulrike entsetzt und wir haben uns eine Weile nicht mehr so oft gesehen.

Als dann Finja kam gab es einen weiteren Bruch. Ich hatte die beiden immer mal wieder besucht und bin da auf einen Kaffee oder ein Schwätzchen geblieben. Als das Baby dann da war, hatten die beiden natürlich alle Hände voll zu tun und wohl auch die Nerven blank. Das hatte ich völlig unterschätzt oder ignoriert und so kam es zu einem Riesenkrach und einem Rauswurf. Nun war die Beziehung auf einem Tiefpunkt angekommen. Dachte ich.

Dann bin ich mal zu Finja's Geburtstag hingefahren und womit ich nicht gerechnet hatte: ich wurde erneut rausgeworfen. Nun gab es über Jahre keinen Kontakt mehr.

Ein Grund war wohl unter anderem (wie ich viel später erfahren hatte), dass ich niemals irgendwelche Hilfe angeboten hatte, mich um Finja, die doch meine Patentochter war, zu kümmern.
Irgendwann (es war um die Zeit, als ich mich von Jutta getrennt hatte) trafen wir uns wieder. Erst nur Micha und ich, später auch mit Ulrike. Als ich dann Sandra kennenlernte, klappte das wieder ganz gut. Wir trafen uns zu viert, haben zusammen gegessen und getrunken und uns gut unterhalten.

Aber es war eine Wellenbewegung. Sandra ging und Dagmar kam. Als ich das erste Mal mit ihr in Unterbach auftauchte, war die Stimmung eisig. Es gab kein Willkommen, sondern kalte Ablehnung. Daggi hat das sehr weh getan. Und dann dauerte es wieder einige Zeit, bis die Stimmung sich wieder erwärmte.

Ich fand das auch sehr schlimm, weil ich auf der anderen Seite in Daggi's Familie sehr freundlich aufgenommen wurde. Na ja, mit einer Ausnahme. Mein erstes Zusammentreffen mit der ‚gegnerischen' Familie fand bei einer Fete in deren Partykeller statt. Dabei waren die Eltern, ihr Bruder mit Frau und Kindern und ihre Schwester mit Mann und Kindern. Vor allem die Kinder ihres Bruders, David und Simon, wollten den neuen Eindringling nicht willkommen heißen. Sie brachten das zum Ausdruck, indem sie mir Salz ins Bier geschüttet haben und sich kranklachten, als ich es trank. Die Prise war aber so gering, dass ich es nicht geschmeckt habe.

Wir gingen beide unserer Arbeit nach, ich ging dann eines Tages nach Amsterdam und Micha wurde irgendwann auch nach Hamburg versetzt. So verloren wir uns ein wenig aus den Augen. Erst, als wie beide in Rente waren, sahen wir uns häufiger und regelmäßiger.

Urlaub und Reisen

Wir Geschwister sind sehr unterschiedlich. Während ich immer schon unheimlich gerne häufig ‚herumgereist' bin, haben sich meine Brüder anders verhalten. Anfangs sind Micha und ich zusammen gereist. Spanien und Jugoslawien waren tolle Urlaube. Dann hat Micha angefangen, nach Italien zu fahren.

Die Schwester seiner Frau, also seine Schwägerin, war in Italien verheiratet. Und die Kollegen, mit denen er zusammen Taxi fuhr, kamen alle aus Sizilien. Das war quasi der Trigger für seine Italien-Liebe. Er hat dann zusammen mit Ulrike einen Sprachkurs gemacht und dann sind die beiden nach Sizilien gefahren.

Das machen sie bis heute.

Fast jedes Jahr wurde das Auto gepackt und dann macht man sich auf dem Weg nach Genua und von da aus mit der Fähre weiter nach Sizilien. Auf der Halbinsel gibt es viel zu sehen und sie haben von ihrem Standort aus immer viele Sternefahrten gemacht.

Sie haben da unten Freunde gefunden und haben die Zeit immer sehr genossen.

Der Schwager wohnte in der Nähe von Mailand. Da sind sie auch oft gewesen oder in Stresa am Lago Maggiore.

Dort hatte der Schwager ein Ferienhaus, das die beiden mitbenutzen konnten. Also folgten auch viele Urlaube am Lago Maggiore.

Natürlich sind wir alle irgendwie Gewohnheitstiere und Micha machte eben Sizilien zu seiner Gewohnheit. Später kam dann noch Ibiza dazu. Er hatte sich in die Insel verliebt und kannte auch jemanden, bei dem er ein Haus mieten konnte.

Dieses Haus war nicht nur geräumig und schön eingerichtet, sondern auch in einer fantastischen Lage. Also stieg Ibiza in den Wettkampf mit Italien ein.

Und auch das macht er bis heute. Man weiß immer nicht, wo sein Sommerurlaub hingeht, aber man kann gewiss sein, dass es entweder Sizilien oder der Lago Maggiore (oder eine Kombination aus beiden) oder Ibiza sein wird. Meistens fährt er auch mindestens zweimal im Jahr weg, so dass er Spanien und Italien sehen kann.

Ich kann mich daran erinnern, dass er diese Routine einmal durchbrochen hat. Da ist er nämlich mit Ulrike zusammen in die USA gereist. Das war wirklich mal etwas ganz Besonderes und es hat ihm auch gut gefallen. Danach ist er aber wieder nach Italien und oder nach Spanien gefahren.

Ich will das auf keinen Fall kritisieren oder bewerten, vor allem nicht vor dem Hintergrund, dass ich auch schon gefühlt zehnmal (mindestens) in Griechenland war, und dass ich auch alle kanarischen Inseln (manche davon mehrmals) besucht habe. Auch ich liebe meine Komfortzone!

Alles in Allem sind es also nur immer kurze Phasen, in denen unsere Leben parallel liefen, dazwischen sind immer viele auch lange dunkle Phasen, wo ich nicht weiß, was mein Bruder da gemacht oder empfunden hat. Aber ich denke, das ist normal. Bei meinem Bruder Martin ist es noch extremer. Er ist 11 Jahre jünger als ich und wir waren lange Zeit entwicklungsmäßig weit auseinander.

Aber ich will gerne aufschreiben, woran ich mich erinnere…..

Martin

Bubu. So haben wir ihn genannt, unseren kleinen Bruder. Aber mal von Anfang an. Alles fing an, als unsere Mutter uns ein Buch in die Hand drückte: Woher die kleinen Mädchen und Jungen kommen. Ein Aufklärungsbuch. Es kam ein wenig zu spät. Unser Nachbar Herbert und sein Bruder Schorsch hatten uns bereits Worte wie „ficken" und „schwule Sau" beigebracht, wir waren also vorbereitet. In dem Buch gab es einige Zeichnungen von Mann und Frau (so eine Schweinerei!!) und an einer Stelle hieß es, dass der Mann den Penis in die Scheide der Frau steckt und das „es" dann passiert.

An einer anderen Stelle (ich werde es nie vergessen) ging es um Hygiene: Vor dem Abort, nach dem Essen, Händewaschen nicht vergessen. Oder war das anders herum?

Wir lasen das Buch und Ida machte uns das Angebot, Fragen zu stellen. Aber wir wollten unsere Mutter nicht unbedingt fragen, was eine „schwule Sau" eigentlich genau war, und was „ficken" war, wusste sie sowieso nicht.

10/11 Jahre war ich damals. Ida trug zu der Zeit gerne so genannte Ski-Hosen. Das waren enge Hosen, die an der Seite einen Reisverschluss hatten. Eines Tages fiel mir auf, dass der immer offenstand. Die Hose wurde langsam eng.

Und dann kam der Tag, wo unsere Mutter uns sagte, dass sie schwanger sei. Und nur wenig später durften wir ihren Bauch anfassen, und da merkte man, wie unser Bruder in spe von innen dagegentrat. Erst sehr viel später erfuhren wir mehr von der Zeugung. Na ja, vielleicht nicht so sehr von der Zeugung sondern von dem wie-es-geschah.

Ida hatte in sehr jungen Jahren 1-2 Fehlgeburten. Dann kamen die Zwillinge Micha mit Hartmut und dann kam ich. Damit hatte Ida mit 27 Jahren bereits 3 Geburten hinter sich.
Dann folgte unsere Entwicklung und ohne auf die Ursachen einzugehen: wir waren echte Satansbraten.

Ihr Frauenarzt hatte dann irgendwann, als sie Anfang 30 war, gesagt, dass das mit dem Kinderkriegen nun vorbei war.
Damit war auch das umständliche Präservativ-handling und die Knaus-Ogino – Verhütung vorbei und man konnte „einfach so" Spaß haben.
Und man hatte Spaß.

Und der Arzt hatte mit dem frühen Eintritt der Wechseljahre NICHT richtig gelegen.
Aber das nur nebenbei.

Die Schwangerschaft entwickelte sich und der Tag kam, an dem Ida ins Krankenhaus ging. Es war das Krankenhaus an der Kirchfeldstraße, wo ich schon geboren wurde. Und dann kam der Tag, an dem Henry mit uns ins Krankenhaus fuhr und wir unseren

Bruder begrüßten. Klein und faltig war er und man konnte auch nicht viel mit ihm anfangen. Ida blieb eine Zeit im Krankenhaus und wir älteren Brüder sahen in der Zeit keine Notwendigkeit, zur Schule zu gehen.

Wir gingen jeden Morgen aus dem Haus, besuchten die Spielwarenabteilungen der Kaufhäuser und gingen einfach spazieren. Und mittags gingen wir heim, ganz glücklich, keine Hausarbeiten auf zu haben. Eine schöne Zeit. Sie endete aber, als der Lehrer zuhause anrief und nach uns fragte. Henry wartete schon auf uns und meinte: wie war es in der Schule, worauf wir antworteten: wie immer.

Der Ärger war epochal.

Es gab Unmengen von Prügel und Stubenarrest. Für mich war das nichts Neues. Ich bekam oft Prügel und 1/3 meiner Kindheit hatte ich Stubenarrest.
Aber ich schweife ab.

Ida kam mit Martin nach Hause und es wehte ein frischer Wind. Bis dahin hatte ich mich eigentlich täglich (mehrmals) lautstark mit Micha geprügelt. Er provozierte mich gerne (z.B. indem er ca. 80 x hintereinander „doofer Sack" zu mir sagte oder mich „Jockel" nannte. Und ich spielte für mein Leben gerne mit seinen Sachen. Dann flogen die Fetzen und das Geschrei war laut.

Jetzt aber gab es eine neue Regel: wenn wir uns noch EINMAL prügeln würden und davon der kleine Prinz aufwachen sollte, dann würde es „was setzen!" Und Ida machte dabei ein „ich meine das ernst!" – Gesicht. Und leise prügeln geht nicht. Von da an vertrugen wir uns.
Der kleine Martin war irgendwie süß. Wir wickelten ihn, gaben das Fläschchen, fütterten ihn mit irgendwelchen Breien und sangen ihn in den Schlaf. Martin schlief nur bei offener Türe, nur bei Licht und nur, nachdem man ihm mindestens ½ Stunde vorgesungen hatte.

Anstrengend.

Und nicht nur, dass wir uns nicht prügeln durften, ihn durften wir auch nicht hauen.

Schade.

Er wurde älter und begann zu laufen. Er hatte einen kleinen Trecker mit Anhänger als Dreirad. Damit fuhren wir auch gerne durch die Wohnung. Was die Nachbarn darunter wohl gedacht haben?

Und Martin fing an, zu sprechen. Ganz früh haben wir begonnen, ihm die wichtigen Vokabeln beizubringen: „Scheisse!" Sag mal „Scheisse". Scheisse! oder „Arschloch". Sag Arschloch! Und Martin war ein guter Schüler und plapperte munter die Schimpfwörter nach.

Später begann er dann, die (englischen) Lieder der Beatles und Kinks, die bei uns ununterbrochen liefen, nachzusingen. Niedlich.

Er war der Prinz. Nachdem Micha und ich nicht so gut geraten waren, lag alle Hoffnung in dem Nachkömmling. Er wurde mit Liebe und Nachsicht überschüttet und sehr verwöhnt. Mit 9 / 10 Jahren war er ziemlich korpulent. Nun ja, seine Nahrung bestand zu 35% aus Erdnussflips und Cola. Darüber hinaus aß er eigentlich nur Koteletts mit Erbsen und Möhren. Und Pommes. Und süßes Zeug.

Er trug lange Zeit ein T-Shirt mit einem Apfel vorne drauf. Der Apfel war weniger auf der Brust als mehr auf seinem ansehnlichen Bauch.

So saß Martin am Frühstückstisch und versteckte sich hinter einem Micky-Maus-Heft. Er verbrachte sehr viel Zeit hinter diesen Heften. Und dann hörte man eine Stimme hinter dem Heft: Brötchen!

Das reichte, und Ida machte ein Brötchen mit Butter und belegte es mit Eszet-Schnitten. Das waren Schokoladenscheiben, im Prinzip ein Vorläufer von Nutella.
Ein weiteres Wort kam hinter dem Heft hervor: Kaba! Das war ein Kakao-Getränk, das zu gleichen Teilen aus (künstlichem) Kakaopulver bestand und aus Zucker.

Der Prinz befahl und Ida gehorchte. Wenn wir das monierten, hieß es nur: lass den Jungen.

Aber Martin war auch ein Sympathieträger. Als 3 – 4 – 5 - jähriger hatte er lange, blonde Locken uns sah aus, wie ein Engel. Micha nutze das und nahm ihn gerne mit, um Eindruck bei den Ladys zu schinden. Einfach mal zeigen, dass man als Sexualpartner und als künftiger Vater was draufhatte.
Schlau!
Martin war im Kindergarten und später in der Schule. Er war, wie ich, auf der Sonnenschule und ging später, wie wir älteren Brüder, auf das Lessing-Gymnasium. Aber da waren wir schon lange weg. Ich bei der Bundeswehr und Micha auf der Kunstakademie.

Er überlebte die Konfirmation (auf der er uns von einer Freundin erzählte und beiläufig meinte: „Ich glaube, ich habe die Alte geschwängert". Ein feiner Kerl.

Jobs

Martins erster Job war eindeutig Prinz. Der Prinz von der Lessingstraße. Ida und Henry verwöhnten ihn und Micha und ich taten das in den ersten Lebensjahren ebenso. Er war einfach süß und ich denke, bei Henry dominierte der Traum von einem „guten" Sohn. Außerdem war er stolz, in dem Alter (46) noch mal Vater geworden zu sein.

Über Henrys Sexualität weiß ich wenig (wer kennt sich schon in dem Sexleben seiner Eltern aus?), aber ich denke, er war nicht besonders treu und hat darauf geachtet, viel Spaß zu haben.

Er wurde mit Geschenken überhäuft und wenn er etwas wollte, bekam er es in der Regel. Hier wirkten die kargen Nachkriegsjahre und die Segnungen des Wirtschaftswunders. Und Martin gefiel das. Er wuchs ganz unbelastet auf und auch die Sozialisierung durch größere Geschwister fiel aus: wir durften ihn nicht hauen.

Dann begann die Schule. Erst die Sonnenschule, die er gut absolvierte. Er hatte ganz gute Noten und war in der Grundschule mindestens Mittelmaß. Kein Wunder, dass er den Sprung auf das Gymnasium schaffte. Er ging auf das Lessing-Gymnasium, wie wir älteren Brüder vorher auch. Das bereitete ihm auch keine Probleme. Aber es zeichnete sich früh ab, dass er keine intellektuelle Karriere anstrebte, sondern eher was Handfestes.

Er interessierte sich früh für Autos und Motorräder mit dem Schwerpunkt auf den 2rädern. Und so ging er folgerichtig mit der mittleren Reife ab und begann eine Frühform der dualen Ausbildung. Es war eine Schule in Duisburg, die ihm theoretisches Wissen im Bereich der Automechanik vermittelte und gleichzeitig war er in einem Lehrbetrieb, wo er praktisch schrauben konnte.

Das war ein gewagter Sprung: Er wohnte in Duisburg in einer Art Internat weit weg von seiner Königin Mutter und machte seine ersten, eigenen Schritte. Die machte er nicht nur in seinem Berufsleben, sondern auch in seinem privaten Bereich. Er lernte eine Frau kennen und ‚ging' mit ihr. Für einen 16jährigen nichts Besonderes, nur, dass die Frau etwas älter war und schon ein Kind hatte, sorgte für Verwunderung.

Aber Frau, Kind und auch die duale Ausbildung waren nur ein zeitliches Phänomen. Martin kündigte alles 3 und kehrte nach Düsseldorf zurück.
Hier entschied er sich, eine „normale" Lehre zu beginnen und startete bei einer Citroen-Werkstatt in Derendorf.

Er ging zur Berufsschule und arbeite in der Werkstatt. Nichts Besonderes.

Ganz reibungslos verlief das aber nicht. Martin war nicht glücklich in dem Betrieb. Der Chef nervte und meckerte und so ganz viel Spaß machte der Job nicht. Es kam zur Eskalation und Martin suchte Hilfe.

Er bat mich, mal mit dem Lehrherrn zu sprechen. Ich tat das auch und der Mann schüttete mir sein Herz aus.
Martin sei faul, langsam, unfolgsam, wenig motiviert und mache viele Fehler.

Bingo!

Heute weiß ich, dass man das von 2 Seiten sehen kann, aber damals war das anders. Der Mann beschrieb jemanden, der so war, wie ich meinen Bruder kannte. Fordernd, faul, erfolgsverwöhnt....
Jetzt hätte man natürlich fragen können, warum das in seinem Traumberuf auch so war, wie in seiner Kindheit zuhause, aber so weit war ich noch nicht. Ich stellte mich auf die Seite des Lehrherrn und gegen meinen kleinen Bruder, der mich um Hilfe gebeten hatte. Ein Bärendienst.

Martin blieb dann auch nicht mehr lange. Er wechselte zu Opel Dübbers und da lief es. Er fühlte sich wohl, die Kollegen mochten ihn und ohne Probleme machte er den Gesellenbrief. Der Erfolg gab ihm recht.
Er arbeitete eine Zeitlang als Geselle und verdiente sein erstes, richtiges Geld.

Aber das war nicht genug. Nach ca. 1-2 Jahren wollte er mehr. Er kündigte seinen Job und machte sich mit seinem Freund Reiner selbstständig.

Die beiden mieteten in Eller 2 nebeneinanderliegende Garagen und starteten ein

Business: Sie kauften Autos mit „Macken", die sie reparierten. Rainer hatte er in der Berufsschule kennengelernt, aber im Unterschied zu Martin lernte der weiter und zielte auf den Meister. Aber nebenbei schraubte er mit Martin. Die erwarben einen Fiat ohne TÜV, schweißten die Bleche und verkauften ihn dann mit 2 Jahren TÜV weiter. Oder sie erwarben ein Unfallauto, richteten es her und brachten es an den Markt zurück.

Ein Auto für 1000 Mark kaufen, fertigmachen und für 2000 Mark weitergeben. Das war das Geschäftsmodell. Die eine Garage hatte eine Grube und das Ganze kam einer Werkstatt schon recht nahe, ohne die Fixkosten explodieren zu lassen.

Nebenbei beschäftigte sich Martin mit Computern. Damals war das noch ein Commodore-Computer und Martin programmierte den in BASIC. Das war eine einfache und damals sehr populäre Sprache. Er „daddelte" (er zockte irgendwelche Spiele), aber er befasste sich auch mit der Programmierung und schuf eine kleine, sehr primitive Rechnungsschreibung. Er konnte also seinen Kunden nach Kauf und Reparatur ein (fast) professionell wirkendes Stück Papier in die Hand drücken. Chappeau!

Das Geschäft entwickelte sich und die Garagen wurden zu klein. Die beiden Kompagnons wechselten zur Hansaallee. Hier hatten sie eine richtige Werkstatt mit Bühne und ein kleines Büro.

Sie machten es sich gemütlich und weiteten ihr Geschäft aus.

Die Prozedur war wie folgt. Abends, kurz vor Mitternacht, war die Rheinische Post mit vielen Kleinanzeigen fertig. Und am Verlagshaus in der Blumenstraße wurde sie dann quasi schon am Vorabend verkauft.

Findige Düsseldorfer wussten das und studierten dann schon am Abend die Wohnungs- und Autoanzeigen. Und dann, am nächsten Morgen, waren sie gut informiert und konnten die besten Treffer abtelefonieren.

So hatte Martin auch angefangen. Aber dann ändert er seine Strategie. Er rief direkt nach der Lektüre der Zeitung an.

Die Erklärung war immer die gleiche: ich habe Ihre Annonce in der Freitagsausgabe (es geschah am Freitagabend) gelesen und wollte fragen, ob das Auto noch da sei. Die Verkäufer waren dann natürlich verärgert, dass die Annonce zu früh geschaltet war und waren dann aber auch in Panik, weil den ganzen Tag noch niemand angerufen hatte. So hatte Martin (und auch manche seiner Kollegen) leichtes Spiel. Noch in der Nacht fuhren zu den entsprechenden Objekten, besichtigt die Autos, handelte sie ziemlich stark runter und hatte wieder ein Schnäppchen gemacht.

So verfuhr er eine Weile, aber es wurde immer schwieriger, in der Nähe der Blumenstraße eine Telefonzelle zu finden. Also wurde auch diese Strategie modifiziert. So gegen 23:30 Uhr nachts fuhr Martin mit seinem Freund zu einer Telefonzelle in der Nähe der Redaktion, besetzte diese Zellen und fuhr dann erst die Zeitung kaufen.

Aber auch das wurde irgendwann von anderen Autohändlern kopiert und funktionierte nicht mehr. Was nun? Martin kaufte sich für ein gewaltiges Vermögen ein Mobiltelefon. Das war damals noch ein Koffer, der an die Autobatterie angeschlossen wurde, und mit dem man dann im C Netz telefonieren konnte. Die Telefonate waren natürlich so teuer wie ein Gespräch nach China, aber so konnte Martin doch Geld verdienen und das tat er auch.

In diesen Dingen war er immer ein Fuchs.

Das Geschäft florierte und so bat Martin unsere Mutter, ihm zu helfen. Die war natürlich sehr stolz und hat den Job gerne angenommen. Sie hat Telefondienst gemacht und den Empfang der Kunden übernommen. Sie ist aber auch zum Tüv gefahren, oder zur Zulassungsstelle, oder zu anderen Werkstätten, um Teile zu kaufen. Sie war ein vollwertiges Mitglied des Teams und sehr beliebt.

Die Hände und auch die anderen Kunden kannten und schätzten Sie. Für Ida war es einerseits ein willkommener Anlass, sich zu Hause nicht zu Tode zu langweilen, aber sie hat dann auch das Gefühl gebraucht zu werden. Außerdem liebte sie es, in dem Laden als „Mutter vom Chef" aufzutreten. Sie sollte den Job von da an noch sehr lange machen. Die Bezahlung war allerdings unregelmäßig und orientiert sich an dem damals noch nicht vorhandenen Mindestlohn.

Und dann hatte Martin wieder eine neue Idee: Er hatte von einer Amerika-Reise ein Faxgerät mitgebracht und mit dem empfing er von Zeit zu Zeit Faxe von anderen Händlern mit deren Autos. Und wenn nun jemand kam und gerne einen 5 Jahre alten Mercedes haben wollte, konnte Martin nicht nur auf die Autos in seinem Portfolio zurückgreifen, sondern er konnte auch auf die in den Faxen angebotenen Fahrzeuge zurückgreifen.

Eine Krähe hackt der anderen kein Auge aus. Martin rief dann den Händler an und fragte, ob das Auto „sauber" sei. Und der antwortete dann mit ‚kauf das besser nicht' oder ‚das ist ok'. Und dann bekam Martin einen Sonderpreis und von der Marge konnte er auch gut leben.

Ein weiterer Erfolgsfaktor war natürlich auch das in der damaligen Zeit sehr beliebte „Tacho zurückdrehen". Bei den mechanischen Tachos war es wirklich sehr einfach, man braucht ja nur eine Bohrmaschine und schon hatte der Tacho 20.000 km weniger auf der Uhr.

Aber auch für die digitalen Tachos gab es Lösungen, indem man einen PC anschloss, und einen beliebigen Kilometerstand eintrug. Das Ganze dauerte vielleicht 5 Minuten, der Wagen hatte dann weniger Kilometer gelaufen und war natürlich sehr viel teurer. Ich erinnere mich, dass einmal ein Kunde diesen Trick bemerkt hatte. Er stellte Martin zur Rede und erpresst ihn. Er forderte, die Hälfte des Geldes zurück zu bekommen, das er für den Wagen bezahlt hatte, um den Mund zu halten. Martin tat gut daran, diese Forderung nachzukommen.

Den Durchbruch aber hatte Martin, als er den Fax-Server entdeckte. Bis dahin hatte er manuell vielleicht zehn oder 15 Faxe versendet, um seine Autos auch anderen Händlern zugänglich zu machen.

Und er hatte im Gegenzug dann auch 10-20 Faxe erhalten. Nun aber automatisierte er den Prozess und verschickte per Fax-Server 50 und später noch viel mehr Faxe an Händler in der ganzen Bundesrepublik. Und er bekam natürlich auch unzählige Faxe zurück. Damit konnte er sein Geschäft deutlich verbessern, so dass nun zu einem Großteil die Autos unter den Händlern hin und her geschoben wurden. Der Umsatz stieg und stieg!

Unseliger Nebeneffekt war leider, dass Martin mehr und mehr zum PC - Frickler wurde. Er befasste sich viel mit dem Betriebssystem und mit der Fax Software, sowie mit dem Modem beziehungsweise der ISDN Übertragungstechnik.

Natürlich war das notwendig, weil gerade in der Anfangsphase viele Fehler auftreten. Und es kostete eine Menge Zeit. Seine und meine Zeit, weil er mich oft wegen irgendwelcher Dinge anrief. In der Hochzeit dieser Prozesse hatte er mehrere 100 Faxe pro Nacht versendet.

Martin verdiente mehr Geld und fuhr größere Autos. Der eine oder andere Sportwagen wurde gekauft, Martin fuhr ihn dann mit roten Nummernschildern und verkauft ihn wieder.

Einmal hatte er einen ziemlich stark verunfallten aber auch sehr neuen VW Corrado gekauft. Damals war das ein sehr hippes Auto und sehr beliebt. Die Reparatur war nicht einfach und zog sich hin. Und dann stand der Wagen da. Und er stand. Und er stand. Ich denke, er stand fast ein halbes Jahr da und kostete ein Vermögen an Zinsen. Den Fehler hat Martin dann vorläufig nicht mehr gemacht.

Das Geschäft und der Laden wurden zu klein. Vor allem Parkplätze für die Autos, die er verkaufen wollte oder diejenigen, die auf ihre Bereitstellung warteten, fehlte. Also suchte sich Martin einen neuen Platz und fand ihn in Unterbilk auf der Gladbacher Straße. Das war eine alte Tankstellen, mit einem schönen Büro und einer kleinen Halle. Davor war, überdacht, Platz für vielleicht 20 Autos.

Die Halle hätte man gut zum reparieren der Fahrzeuge verwenden können, aber Martin hatte andere Pläne. Er hatte zwei Freunde, Atze und Lang.

Die waren ursprünglich auf dem gleichen Hof gewesen, wo er ganz am Anfang die beiden Garagen gemietet hat.
Schon damals haben die beiden fast mitleidig auf Martin geschaut, der mit schmutzigen Fingern an den Autos schraubte.

Ich kann mich gut erinnern, wie Atze mir einmal einen Golf zeigte. Er öffnete die Türen und wies auf die Falze: alles blitzeblank sauber. Er sagte: die Leute kaufen das Auto mit den Augen. Sie schauen sicher auf die Kilometerzahl, aber sie registrieren unbemerkt die kleinen Nebensächlichkeiten, wie die Schmutznester in den Falzen oder am Kofferraum.

Deshalb handelte er lieber mit Autos, die in Ordnung und vielleicht ein bisschen heruntergekommen waren. Er brachte die dann zu einem Aufbereiter, der die Autos blitzeblank sauber machte und auch das Armaturenbrett polierte und die Polster reinigte. Die Autos waren dann quasi „wie von einem alten Mann gefahren und wenig bewegt".
Auch waren seine Autos deutlich neuer und auch teurer als Martins.

Martin fing auch an, teurere Autos ohne Unfallschäden und mit TÜV zu kaufen. Er ließ sie auch aufbereiten und brachte sie dann in den Verkauf.

Die Firma war in einem Hinterhof, durch den man nur durch eine Einfahrt kam. In dem Hinterhof waren auch noch andere Gewerbe beheimatet. Direkt neben Mann war eine weitere Autowerkstatt von Herrn Krüll. Das war ein sehr ruhiger und kultivierter Mann, deren Geld überwiegend mit der Reparatur und Wartung von Autos verdient. Er machte regelmäßig seine Firma auf, schraubt dort dann ganz ruhig den ganzen Tag alleine an den Wagen und machte dann irgendwann mal Feierabend.

Alle 4-6 Wochen zeigte sich aber dann die Besonderheit: Herr Krüll war Quartalssäufer! Ich habe sowas noch nie erlebt. Ein wirklich sympathischer und netter Mann hat alle 4-6 Wochen die Türe geschlossen und sich dahinter mit einer oder mehreren Kisten Sekt verbarrikadiert.

Er trank ohne Pause fast bis zur Bewusstlosigkeit. Nach 2 - 3 Tagen des Saufens war er fertig, fuhr nach Hause, nüchterte sich aus, duschte und kam wieder zurück in die Werkstatt zum schrauben. Und 1 ½ Monate später ging das wieder von vorne los.

Weiter hinten gab es auch noch ein ganz normales Wohnhaus. In dem Haus gab es einen Keller, und der war vermietet an die „Toten Hosen". Das war und ist eine bekannte Düsseldorfer Punkband Die hatten hier einen Proberaum und machten ab und zu Musik.

Das war natürlich ganz bestimmt nicht leise, aber in so einem Hinterhof ist es ja eigentlich egal. Dachte man.
Aber in dem Haus lebte ein älterer Herr, der sich darüber fürchterlich aufregte. Und so hat er jedes

Mal, wenn die Hosen da geprobt haben, gemeckert und rumgezetert.

Eines Tages sah Martin, wie jemand auf dem Hof herum torkelte. Es sah irgendwie seltsam aus, und Martin ging näher. Schnell erkannte er, dass es einer der Toten Hosen war. Später stellte sich heraus, dass es sich um den Schlagezuger handelte.
Der Mann torkelte und hielt sich dabei den Bauch. Als Martin ganz nah dran war, sah er das Blut. Der Schlagzeuger brach zusammen und fiel hin.

Martin nahm den Kopf des Verletzten hoch und murmelte ein paar beruhigende Worte, aber wenig später starb der junge Mann in Martins Armen.
Der ältere Herr war wohl völlig durchgedreht und war mit dem Messer auf den Musiker losgegangen und hatte mehrfach auf ihn eingestochen.
Übel.

Aber das Leben für die anderen ging weiter.

Die Geldmenge, die durch den Laden lief, wurde immer größer. Die Autos wurden ebenfalls größer und teurer. Anfangs hatte er Autos für 1000 € gekauft und für 1500 € verkauft. Irgendwann mal kaufte er Autos für 4000 €, um sie dann für 5000 zu verkaufen. Nun aber waren es PKWs für 12.000 €, die er dann für 14.000 oder 15.000 an den Markt brachte. Es waren nicht unbedingt mehr Fahrzeuge, die er verkaufte, aber die Marge (und das Risiko) pro Fahrzeug vergrößerte sich.

Seinem Partner Rainer gefiel das nicht unbedingt. Er war nicht so risikofreudig, und wollte vielleicht auch nicht reich werden, sondern nur sein Auskommen haben. Martin sah das grundsätzlich anders, und so endete die Zusammenarbeit dann bald. Rainer machte sein eigenes Business auf und Martin gründete die Car Connections.

Auf der Gladbacher Straße hatte Martin neben Ida auch noch andere Mitarbeiter. Ida zum Beispiel fuhr kein Automatik Auto. Sie war der Meinung, dass Schaltung viel sportlicher sei und sie hatte Automatik auch nie gelernt. Also übernahmen andere Mitarbeiter diese Tätigkeit und pflegten auch die zum Verkauf stehenden Fahrzeuge.

Einmal hatte Martin einen Russen eingestellt, der für die Wagenpflege verantwortlich war. Der kannte sich nicht so gut aus, war aber lernwillig. Er hatte gesehen, wie sich die Mitarbeiter am Tagesende ihre schmutzigen Hände mit einer Sandseife wuschen. Und die wurden auch blitzsauber.

Als er einmal einen Mercedes waschen sollte, kam der ihm auch ziemlich schmutzig vor, und er fand es richtig, Sandseife für die Wagenpflege zu verwenden. Er seifte den gesamten Wagen stark ein, und spülte danach die Reste ab. Jetzt stand da ein Matt lackierte Mercedes. Martin war nicht angetan!

Ein Problem bei der Gladbacher Straße war, dass Martin immer mehr Autos einkaufte und auf seinem Platz keinen Raum mehr dafür hatte. Also stellte er sie in der Nachbarschaft einfach auf die Straße. Unterbilk ist aber der am dichtesten besiedelte Stadtteil Düsseldorfs, und Parkplätze sind hier sehr rar. Außerdem ist an vielen Stellen Halteverbot; darauf konnte Martin keine Rücksicht nehmen.

Also kassierte er hier jede Menge Tickets und stellten manchmal auch Autos auf dem Platz eines befreundeten Händlers an der Oberbilker Allee ab. Eines Tages löste dieser Händler sein Geschäft auf und der deutlich größere Platz an der Oberbilker Allee wurde frei.

Also zog die Car Connections um und der Wandel von „kleiner Autohändler auf alter Tankstelle" zu „Autohaus" war vollzogen.

Die Oberbilker Allee war riesig. Es war ein großer, von der Straße einsehbarer Parkplatz für die Autos, dazu eine große Ausstellungshalle, die nach vorne verglast war, eine Werkstatthalle und ein anderthalb geschossiges Verwaltungsgebäude. Davon hatte Martin die untere Etage, und die obere Etage war vermietet. Die Car Connections war geboren. Am Nachbarhaus wurde ein riesiges Schild angebracht, dass man von weitem schon die Firma sehen konnte.
.
Es dauerte nicht lange, bis die Parkplätze und auch die Halle gefüllt war. Die Car Collections arbeitete mit VW Schulz zusammen. Hier hatte Martin einen Freund gefunden, der ihm große Lose von Fahrzeugen anbieten konnte. So kam er sehr früh an neue Gebrauchtwagen heran, die überwiegend aus

dem Leasing kamen. Die waren technisch in Ordnung, sahen gut aus, waren oft das aktuelle Modell und hatten nur viel Kilometer gelaufen. Martin kaufte die Wagen en bloc und verkaufte sie dann Stück für Stück ins In- und Ausland.

Einen Haken hat er die Sache aber dann doch. Wenn VW Schulz ankam und Autos anbot, waren das oft 8-10 Stück. Also zum Beispiel zehn VW Passat. Die waren zwei Jahre alt und hatten einen äußerst günstigen Stückpreis von 25.000 €. Also musste Martin aus dem Stand 250.000 € auf dem Tisch liegen. Das war nicht einfach.

Aber er hatte in seinem Bekanntenkreis auch durchaus Leute, die ihm helfen wollten. Da lieh er sich dann ab und zu Geld zu Zinsen, über die ich nicht nachdenken möchte. Er hatte auch einen Freund mit einem ebenfalls interessanten Geschäftskonzept. Dieser Freund finanzierte Martin Autos. Zum Beispiel kaufte Martin mit dem Geld des Freundes einen Mercedes S-Klasse und die beiden teilten sich dann den Reibach. Für den Freund, der Martins Geschäftstüchtigkeit kannte, war das Risiko überschaubar.

Das Geschäft expandierte und Martin stellte Leute ein. Leute, die die Buchhaltung machten, Wagenabholer, Wagenwäscher und auch mal Reparierer. Das Team wuchs und in der Hochzeit waren da über 10 Leute.

Anfangs war da auch mein Freund und Ex-Kommilitone Frank. Frank fuhr gerne Auto und hatte Zeit. Er verdingte sich als Auto-Abholer und -Bringer. So fuhr er z.B. mit dem Zug nach Hamburg und kam mit einem Mercedes wieder zurück. Oder er brachte einen schönen BMW nach Dresden und brachte später aus Würzburg einen Golf mit. Frank mochte den Job und die skurrilen Leute bei Martin; er fuhr gerne Zug und Auto und er mochte das Geld.

Martin war ein exzellenter Auto Ein- und Verkäufer, aber kein guter Geschäftsführer. Im Prinzip machten die Leute, was sie wollten. Da dauerte ein Besuch beim TÜV auch schon mal 3 Stunden, und wenn Martin in den Männern 100 € mitgab zum Wagenwaschen (20 €) dann vergaßen sie auch schon mal das Wechselgeld zurückzugeben. Irgendwie war es ein ziemlich großes Chaos.

Wurde ein Auto inklusive Winterreifen ein gekauft, fanden die über den eBay Account der Mitarbeiter auch schon mal einen neuen Käufer. Das gleiche geschah ab und zu auch mit Autoradios und mit Navigationsgeräten.
Es war ein Selbstbedienungsladen, weil Martin nicht wirklich auf die Dinge achtete. Und weil seine Mitarbeiter vielfach auch Ganoven waren.

Einigermaßen geschickt war er mit der Vermietung der oberen Etage. Da holte er sich ein Callgirl. Das war eine perfekte Symbiose: Martin arbeitet tagsüber, das Mädchen nachts. Diskretion und pünktliche Mietzahlung waren garantiert.

Die Autos und das Investitionsvolumen wurden immer größer. Es waren große Geldmengen, die durch die Firma liefen, und die Umlaufgeschwindigkeit war sehr hoch. Insgesamt war das ein sehr stressiger Job!

Einmal stellte er einen neuen Verkäufer ein. Er wollte sich selber im Einkauf widmen, und Herr Kirsch, so ist der Mann, sollte sich um die Kunden kümmern. Der Mann war ein wahrer Jackpot. Er hatte sehr viel Scharm, war sehr freundlich, kompetent und ein guter Zuhörer! Entwickelte die Kunden um den Finger und verkaufte sehr erfolgreich.

Auch in dem Team kam er sehr gut an, Martin, Petra und auch meine Mutter mochten Herrn Kirsch wirklich gerne. Was keiner von Herrn Kirsch wusste, waren zwei wichtige Punkte: erstens war Herr Kirsch als ein Zocker. Herr Kirsch spielte in Spielbanken um hohe Summen. Und er tat es nicht sporadisch, sondern permanent. Der zweite Punkt war auch schwierig: Herr Kirsch war ein Heiratsschwindler! Er nutzte seine sehr charmante Art, um vorwiegend ältere, einsame Frauen zu bezirzen und Ihnen das Geld aus der Tasche zu holen.

Wie alle unten von den beiden Dingen nichts und sahen in ihm nach wie vor eine Bereicherung. Dann eines Tages musste Herr Kirsch irgendwo nach Frankfurt fahren, um ein Auto auszuliefern. Voraus kassierte er dann auch die 25.000 € für den Wagen und fuhr…

Nein, er fuhr nicht zurück in das Autohaus, sondern es ging direkt in die Spielbank! Er wollte einfach nur die Gelegenheit nutzen, um aus den 25.000 € vielleicht 50.000 € zu machen und dann mit dem Gewinn zurück zu fahren.

Wie man sich denken kann, wurden aus den 25.000 € bestenfalls 25 €. Ich meine, Martin war damals zu der Zeit gerade in Urlaub und so traf ihn die Neuigkeit wie ein Blitz. 25.000 € zu verlieren auch für ihn kein Pappenstiel.

Er trennte sich sofort von seinem Mitarbeiter und hetzte ihm Anwälte auf den Hals. Als der Mann dann weg war, kam der zweite Punkt zum Tragen: enttäuschte ältere Damen riefen im Büro an und wollten ihren Herrn Kirsch sprechen.

Nachdem Petra und auch Martin die Damen immer mal wieder abgewimmelt hatten, fingen sie dann aber an, nachzufragen. Dann kam regelmäßig heraus, dass diese Damen Herrn Kirsch liebten und ihm auch Geld geliehen und geschenkt hat. Ein absoluter Profi, im Verkaufen, und im Betrügen. Das Ganze ging dann auch nicht gut aus.

Irgendwann kam Herr Kirsch mit einer neuen Freundin in einem Mercedes Cabriolet auf den Hof gefahren und sagte Martin er könne sich die Mühe mit den Anwälten sparen. Es würde ihm gut gehen, auch wenn Wagen und das Geld alle seiner Freundin gehörten.

Der Laden brummte. Autos wurden geliefert und abgeholt. Menschen kamen und gingen. Damals hatten Jutta und ich es auch zu einer Gewohnheit gemacht, immer mal am Samstag auf einen Kaffee vorbeizufahren.

Wenn wir kamen, bot sich immer das gleiche Bild. Vorne, im Verkaufsraum saß Ida. Sie hatte eine Bild-Zeitung vor sich, einen Kaffee und ein paar Kekse. Entweder las sie oder löste Kreuzworträtsel und manchmal telefonierte sie.

Auf ihre ostpreußische Art.

Wir bekamen nur Wortfetzen mit, aber das reichte schon.
„Wieviel km der runter hat? Das weiß ich nicht. Die haben hier alle so 100.000 runter."
„Ein Autoradio? Kann ich nicht sagen. Hier sind ja so viele Autos"
Kundenfreundlichkeit geht anders. Aber sie musste nicht freundlich sein. Schließlich war sie die Mutter vom Chef. Auch Kunden, die persönlich in den Laden kamen, mussten freundlich sein. Neben Ida standen 2 Hunde. Einmal der riesige Neufundländer mit dem schönen Namen „Rolex". Rolex war schwarz und groß. Und sabberte ununterbrochen, weil er die Kekse auf dem Tisch sah, von denen ca. 50% ihm zustanden.

Und neben Ida, auf der anderen Seite, lauerte ein ausgewachsener, vor Kraft strotzender Bullterrier. Der gehörte Martins Freund und Mitarbeiter Thomas, einem ca. 2,10 großen Mann mit ca. 1m breiten Schultern. Wenn der mit dem lammfrommen Hund unterwegs war, konnte man nicht sagen, wer hier wen beschützt; Angst hatte man automatisch vor beiden.

Aber Rolex und der Terrier wollten während der Bürostunden keine Menschen fressen. Nur einen Keks, das war alles, was sie wollten. Oder 2.....

Aber das Rad drehte sich schneller. Es kam Geld rein, aber es ging auch Geld raus. Martin lieh sich Geld, wenn er knapp war oder wenn er große Mengen von Autos kaufen musste. Kunden kauften Autos und zahlten erst später. Also lieh sich Martin Geld, um das zu überbrücken.

Es wurde zu viel. Martin begann, Geld nicht zurückzuzahlen. Angefangen hatte es bei der Steuer. Dann fing er an, Lieferanten zu vertrösten.
Das Ganze ist eigentlich immer wie ein Erdrutsch. Erst bröckeln ein paar Kiesel, dann rutscht der ganze Hang.
Und so war es hier auch. Es eskalierte und Gläubiger fingen an, persönlich vorbeizukommen. Erst mit dem PKW, dann mit dem Autotransporter.

Konkurs.

Martin musste den Laden schließen und sich vorübergehend auch verstecken. Er hatte zu viele Schulden bei Leuten, die über Schusswaffen verfügten.
Das war auch so ein Sumpf.
Die Händler-Phalanx hatte gerne eine Knarre, weil man sich vor Überfällen fürchtete. Klar, meist waren viele Autos komplett mit den KFZ-Briefen zu ergattern und wenn der Händler mal 3 Autos (was nicht viel war) am Tag verkauft hatte, waren auch schnell mal 100.000 DM in cash zu holen.

Also besorgte sich Martin eine Knarre. Das war damals wohl auch sehr einfach. Man gründete einen Verein. Dafür brauchte man nur 7 Gründungsmitglieder. Also 3 Autohändler und die dazugehörigen Freundinnen und irgendjemand hat ja wohl noch einen Bruder oder eine Schwester. Und schon war der Verein gegründet. Und wenn man den als Sportschützenverein gründet, dann hat man auch eine wichtige Voraussetzung für einen Waffenbesitzkarte hergestellt.

Das mag ja beruhigend sein, wenn man eine Schusswaffe hat, aber es ist auch irgendwie beängstigend, wenn andere so ein Ding haben. Und wenn man denen Geld schuldet.

Der Laden ging den Bach runter und nach einiger Zeit arbeitet Martin als Angestellter bei einem Freund (dem er auch Geld schuldete) in Wuppertal. Hier blieb er eine Weile und bemühte sich die ganze Zeit, auch die anderen Gläubiger zufrieden zu stellen.

Nach einer Zeit kehrte er nach Düsseldorf zurück und machte auf den Namen von seiner Frau Petra eine neue Firma auf. Der erste Standort war auf einem kleinen Platz ganz in der Nähe von den Garagen in Eller, wo alles angefangen hatte. Den Platz teilte er sich mit Thomas, seinem ehemaligen Mitarbeiter.

Hier erholte er sich langsam von dem Konkurs und als er alle Schulden zurückgezahlt hatte, wurde es um ihn herum auch wieder ruhiger.

Also baute er wieder Stein auf Stein auf, bis er dann wieder ein großes Gelände in Benrath zusammen mit Thomas mietete. Da ist er auch heute noch.

Das Geschäft hat sich geändert. Die Fax-Server gibt es im Internet-Zeitalter nicht mehr. Das Internet und die vergleichbaren Preise macht das Geschäft schwieriger.

Aber es wird auch leichter, im Im- und Export zu arbeiten. Heute geht auch viel über Händler-Auktionen, ein Geschäft, was ich bis heute nicht verstanden habe.

Es läuft wohl insgesamt nicht schlecht. Allerdings gibt es immer mal wieder Pannen. Martin hatte einen guten Kunden in Kroatien, der viele Autos bei ihm gekauft hat.
Am Anfang ging das Zug um Zug, also Autos gegen Cash.

Dann wurden die Autos geliefert und später wurde gezahlt.

Später.

Viel später.

Sehr viel später.

Sehr viel ….. nicht.

Und schon war wieder ein 6stelliges Loch in der Kasse. Martin fuhr nach Kroatien, um die Autos zurückzuholen, aber die waren auf dem Papier schon weiterverkauft, so dass er die nicht beschlagnahmen konnte. Shit. Quasi angeschossen. Aber irgendwie hat er auch das überstanden, Chapeau!

Fahrzeuge

Wenn ich über meine eigene Vergangenheit nachdenke, gibt es viele Stories rund um Autos und Motorräder zu erzählen. Bei meinen beiden Brüdern ist das schwieriger. Micha war nicht so autoverrückt und bei beiden habe ich dieses Thema nicht wirklich mitverfolgt.

Bei Martin ist mir der Plastik Trecker (Dreirad) noch gut in Erinnerung und dann hatte er in der Spätpubertät, so als 19-Jahriger irgendein billiges Auto (wie wir alle) und hatte, quasi als Hommage an das Mädchen, das zu der Zeit ihr Bett mit ihm teilte, deren Namen auf die Haube gepinselt: I love Petra!

Das ist ja an und für sich süß und niedlich, hätte er nicht 3 Wochen später das „Petra" übermalt mit „Monika". Aber was sollte er machen, er konnte ja nicht immer direkt ein neues Auto kaufen. Irgendwann hatte er auch mal einen Fiat Spider und ich meine, mich erinnern zu können, dass er in dem KFZ-Brief auf meinen Namen gestoßen ist. Zufall.

Mein kleiner Bruder hat immer nach größeren, teureren Autos gestrebt. Eine Zeit lang fuhr er einen dunkelroten Mercedes. Zu dem Zeitpunkt hatte er bereits seine jetzige Frau Petra kennengelernt und besuchte sie an Wochenenden immer in Stuttgart. Bis 6 Uhr nachmittags arbeiten und dann auf die Autobahn, dem Benz Zucker geben.

Als er mal in den Skiurlaub gefahren ist, hat er das standesgemäß mit einer Jaguar-Limousine getan. Die hat in Österreich natürlich standesgemäß den Geist aufgegeben. Englische Autos sind so!

Der Weg war weit, aber irgendwann kam mein Bruder an: Er bekam einen Porsche. Er holte das 11er Cabriolet in Süddeutschland ab und fuhr nachts damit nach Hause. Er ist so schnell gefahren, dass die Schnauze des Wagens wegen Steinschlag neu lackiert werden musste. Ich war an dem Tag in der Werkstatt und bin mit ihm von Autohändler zu Autohändler mitgefahren, das Schmuckstück vorzeigen.

Heute fährt er, glaube ich, irgendeinen Touareg. Ich glaube aber nicht, dass das irgendeine Bedeutung für ihn hat. Ist halt irgendeine Karre. Petra hat wahrscheinlich noch einen 11er und beide zusammen haben ein schönes, großes Wohnmobil.

Angefangen hatte das alles natürlich mit Motorrädern. Als 14jähriger wollte er unbedingt ein Mofa haben. Das ging aber erst ab 15 Jahren. Da musste sich sogar der Prinz beugen. Wollte er aber nicht. Als die Eltern ihm das abschlugen, verlegte er sich aufs Betteln. Er wollte das Mofa in den Keller tragen und da nur ab und zu mal anfassen.

Aber das glaubte ihm keiner. Daraufhin trat er ein kleines Loch in die Küchentüre.
Impulsiv war er immer.

Dann, mit 16, ging er unter die Moped-Tuner. Auf der Straße lernte man schnell, wie das ging. Anderer Auspuff, anderer Vergaser, veränderte Zündung: es gab viele Tricks, den Hobel schneller zu machen, als die Bremsen es konnten. Aber neben dem technischen Tuning gab es ja noch die optische Variante. Unser Bruder hatte sich in die Modelle von Fritz Egli verliebt, der schon Ende der 70iger ein Motorrad gebaut hatte, das mit 180 PS auf eine Geschwindigkeit von fast 300 km/h kam. Das war dann das optische Vorbild, nach dem er seine 50iger verschönerte.

Das Ding fuhr wahrscheinlich nur noch höchstens 50 km/h, weil das Gewicht der Verkleidung so hoch war. In der Zeit begab es sich, dass ich mir ein neues Boot kaufen wollte. Ich hatte ihn und seine damalige Freundin Astrid eingeladen, mitzukommen. Ich fuhr zu der Zeit einen Fiat Spider, der nur 2 Sitze hatte. Also verabredeten wir, dass Martin Astrid zu mir nach Wuppertal bringen sollte und dann würden wir mit 2 Fahrzeugen nach Holland düsen. Gemacht – getan.

Martin kam morgens um 5 Uhr mit Astrid auf seiner „Egli" (ich habe das immer „Ekli" ausgesprochen) zu mir nach Wuppertal und fuhr dann weiter. Ich hatte zu dem Zeitpunkt gerade Feierabend von meiner Taxi-Schicht gemacht und habe mit Astrid erst mal gemütlich einen Kaffee getrunken. Und dann sind wir fast eine Stunde später aufgebrochen.

Kurz hinter der holländischen Grenze überholten wir dann Martin aerodynamisch zusammengekauert auf seiner Ekli.
In Friesland angekommen haben wir uns dann erst mal in die (getrennten) Kojen gelegt und etwas Schlaf nachgeholt.
Als Martin dann ziemlich fertig von der Fahrt 1 Stunde später ankam, war ihm das mit uns beiden sehr suspekt und er war den halben Tag lang erst mal sehr wortkarg.

Wir hatten dann aber auch noch eine gute Zeit auf dem Boot.

Aber mein Bruder machte dann auch irgendwann den Motorrad-Führerschein. Der (theoretische) Weg zur Egli war geebnet. Heute gibt es vereinzelt noch Modelle auf dem Markt, sie werden je nach Zustand zwischen 25 und 60 tausend Euro gehandelt und nach oben gibt es wie immer keine Grenzen.

Aber auch hier musste Martin klein anfangen. Er kaufte sich gebrauchte Maschinen und schraubte daran herum. Schneller, besser, hübscher war das Motto. Aber er brachte sich auch in Schwierigkeiten. Einmal hatte er sich eine Susi hergerichtet. Abends wurde er dann angehalten und der Ärger ging los. Auslöser war das Papp-Nummernschild, das an dem Moped pappte. Die Papiere passten dann auch nicht 100%ig zu dem Fahrzeug und Martin musste zugeben, dass er da gebastelt hatte.

Woher er denn den Rahmen habe? Nun ja, der habe er am Unterbacher See gefunden. Sowas hören Polizisten, die ein Fahrzeug mit Pappkennzeichen hoppnehmen, immer gerne. Keine Ahnung, wie das damals ausging.

Diese Phase ging vorbei und mein Bruder erwarb eine Kawa. Es war das Modell ‚Ninja' und das war so ziemlich das schnellste, was es damals gab. Und wahrscheinlich auch die hübscheste Maschine auf dem Markt. Sein Freund Rainer hatte den gleichen Bock und so parkten die beiden gerne auf dem Platz vor der Pinte, wo alle schauten. Natürlich ließ man bei Ankunft und Abfahrt gerne mal den Bock auf 12000 Umdrehungen hochdrehen. Das steigerte die Aufmerksamkeit.

Einmal lieh sich Martin Geld bei mir. Er brauchte die Kohle und ich sagte sie ihm für den Tag darauf zu. Ich arbeitete zu der Zeit bei Siemens in Unterbilk und mein Bruder schlug vor, dass ich das Geld in einem Umschlag in seinem Sportstudio bei Salomo hinterlege. Man würde ihn da kennen und die Leute wären vertrauenswürdig.

Ok.

Also ging ich mittags zur Bank und stiefelte dann ganz normal im Business-Anzug zu der Muckibude. Dort wurde ich mit großen Augen und etwas skeptisch empfangen. Ich sagte: Ich will hier was für meinen Bruder Martin hinterlegen.

So jemand wäre hier nicht bekannt. Ich sagte: so ein kräftiger Typ, kommt immer mit einer Kawasaki vorbei! Da erhellte sich das Gesicht des gewalttätigen Triebtäters, der da vor mir stand: Ach, der Ninja! Klar, der Ninja muss das sein. Kann sein, dass der Martin heißt. Aber ja, den Ninja kennen wir! So hat Martin schon früh eine persönliche Marke geschaffen.

Er fuhr fanatisch gerne Motorrad. Fanatisch gerne sehr schnell Motorrad.
Und so ist er dann eines Tages mit seinem Freund Rainer und mit Astrid auf dem Sozius nach Benidorm gefahren.
In einem Rutsch.
Bei Regen.
Seitdem weiß er, dass das nichts für Frauen ist. Die beiden (und auch Rainer und seine Freundin) hatten einen Riesenkrach und die Mädels sind dann per Eisenbahn zurückgefahren. Motorradfahren ist nichts für Pussies.

Sehr sehr viel später hat Brüderchen dann auch seinen Weg zu Harley Davidson gefunden. Er hatte eine gebrauchte Harley und war monstermäßig stolz. Auf den ersten Blick sah die Maschine auch cool aus, leider aber fuhr sie nicht so gut. Entweder sprang sie nicht an oder sie zog nicht.

Einmal kamen auch Qualmwolken unter dem Sitz hervor. Ich habe mich einmal draufgesetzt und kam mir vor, wie ein Affe auf einem Schleifstein. Beine weit gespreizt und sehr weit vorne, Arme auch weit

nach außen und weit nach vorne an dem seltsamen Lenker. Rücken stark gebeugt.
Schön war das nicht.
Martin sah da auch nicht gut drauf aus. Wir sind mal zusammen gefahren und er war vor mir.
Er trug so einen Pisspott-Helm und eine weite, leichte Jacke mit „Harley. Davidson" drauf. Die Jacke blähte sich im Wind auf und taumelte hin und her. Bescheuert sah das aus!

Der Kleine überwand aber auch diese Phase und kaufte sich dann irgendwann eine neue Harley. Sie wurde umgebaut und -gespritzt. Am Ende war es ein sehr cooles Bike (für Leute, die sowas mögen). Sie war orange und trug den Schriftzug „Jägermeister". Martins bevorzugtes Getränk. Ein originelles Einzelstück und irgendwie cool.

Wohnungen

Nach seiner Geburt wohnte Martin natürlich in unserer gemeinsamen Wohnung in der Lessingstraße. So ein bisschen stand anfangs im elterlichen Schlafzimmer an und erst, als ich zur Bundeswehr ging, übernahm er zu 100 % mein ehemaliges Kinderzimmer.

Das Kinderzimmer war zu dem Zeitpunkt kein Kinderzimmer mehr, sondern ich empfinde hier gerne meine damalige Freundin Karin. Sie besuchte mich gerne am Wochenende so gegen 16:00 Uhr, und die Eltern gingen dann so ab 17:00 Uhr zur Arbeit. Sturmfreie Bude könnte man das genannt haben.

Sturmfrei?

Nein, da war sicherlich immer noch mein kleiner Bruder in der Wohnung. Die Prozedur war einfach. Karin und ich hören Musik und unterhielten uns. So zwischen sieben und 8:00 Uhr abends bekam Martin was zu essen und ging dann ins Bett. Jetzt war meine Stunde gekommen. Ich brachte du meinen gesamten Charme auf und versuchte, Karin an die Wäsche zu gehen.

Sobald ich auf einem guten Weg war, hörte man im Korridor Schritte. Kleine Tippelschritte von einem kleinen Kind. Und dann ging die Tür auf, wir brachten uns in Ordnung, und Martin sagte, er brauche seinen Teddy.

Also gaben wir ihm den Teddy.
Und warteten ein Augenblick, bis wir der Meinung waren, dass er einschlief. Dann machten wir da weiter, wo wir vorhin aufgehört hatten, beziehungsweise wir fingen wieder von vorne an.

Das ging so weit gut, bis wieder Tippelschritte auf dem Flur zu hören waren. Martin erschien und eröffnete uns, dass er sein Lieblingsauto gerne haben wolle.

Ich will die Geschichte nicht überstrapazieren, aber wir versuchen es ein weiteres Mal, und nach der erneuten Störung hatte Karin irgendwie keine Lust mehr.
Toll!

Als ich dann zur Bundeswehr ging, annektierte Martin das von mir später genutzte Mansardenzimmer. Da hatte er dann auch sturmfreie Bude, so wie Michael und ich zuvor. Und nutzte das auch weidlich aus.

Dann, als er erwachsen war und seine Freundin Astrid heiratete, zog er in die Ahnfeldstraße. Da hatten sich die beiden eine schöne kleine Wohnung eingerichtet und genossen das Eheleben.

Aber schon wenig später zogen sie noch mal um und gingen in die Mülheimer Straße. Da hatten sie auch eine kleine, niedliche Wohnung, und an was ich mich noch erinnere, sind die Haustiere. Als erstes schafften Sie sich eine Katze an und nannten die Ninja.

Also so, wie ein Kämpfer oder auch so wie das Motorrad von Martin. Später, kam dann ein Hund dazu, der dann auch Ninja hieß. Dieser Hund war aber nicht lange da, weil er sehr viel Mühe aufbrachte, die Wohnung zu verwüsten.

Sein Nachfolger hieß ebenfalls Ninja und war ein Wellensittich. Bei dem Hund hatte Martin gehofft, dass er ihn zu einem Killer heranziehen könnt, ich denke, der Wellensittich sollte die gleiche Karriere bestreiten. Was daraus geworden ist, weiß ich aber nicht mehr.

Irgendwann haben sich dann Astrid und Martin getrennt, und Martin hat eine Zeit lang in Hotels gewohnt. Dann lernte er seine Freundin Petra kennen und bezog mit ihr eine gemeinsame Wohnung in Lörick. Da hält es ihn aber auch nicht lange, weil Petra es gewohnt war, in einem Einfamilienhaus zu wohnen.

Außerdem wollten die beide gerne noch einmal einen Hund haben, und dafür war die Wohnung zu klein. Also mieteten die beiden in Rath ein sehr schönes Einfamilienhaus. Dort fanden dann auch viele nette Feten statt, und mit Rolex zog dann auch ein Hund ein.

Rolex war ein Neufundländer, und er war sehr freundlich. Aber er war auch neufundländertypisch verfressen, und so hingen ihm eigentlich permanent Speichelfäden von den Lefzen herunter. Das schadete er aber seine Popularität wenig.

Eine wahrscheinlich letzte Bleibe fand Martin dann einige Jahre später, als er ein Haus in Norf kaufte. Das Haus liegt in einer schönen, ruhigen Straße, und hat einen riesigen Garten. Das Haus selber ist auch relativ groß, aber Martin hat es doch noch weiter ausbauen lassen und um ein sehr großes Wohnzimmer erweitert. Ich kann mich noch erinnern, dass während der Bauphase ein polnischer Bautrupp in Norf vor Ort war und da eigentlich arbeiten sollte.

Aber als Martin dann einmal unangekündigt früher dorthin kam, erwischt ihr die Kollegen dabei, wie sie mit seinem Nagel neuen auf Sitzrasenmäher auf der Wiese Rennen fuhren. Für mich sehr nachvollziehbar, ich hätte das auch gerne gemacht!

In Norf wohnt er noch heute und hat das ganze Anwesen noch um zwei Hütten erweitert, eine Hütte zum Feiern, und die andere ist ein kleines Sportstudio. Auch einen Pool gibt es. Aber mittlerweile ist den Beiden das Haus und vor allem auch der Garten doch etwas zu groß geworden. Außerdem fahren sie heute ganz gerne mit einem Wohnmobil durch Europa und überlegen nun, sich doch lieber etwas Kleineres anzuschaffen.

Partner

Mein kleiner Bruder hat sich (ähnlich wie wir Älteren) früh für Mädchen interessiert. Allerdings habe ich die ersten pubertären Liebchen nicht mitbekommen, außer vielleicht die besagte Petra, deren Namen er auf die Motorhaube seines Autos gepinselt hatte. Ernst wurde es mit der sehr hübschen Astrid. Ein sehr liebenswertes, junges Mädchen, die in der Nähe vom Zoo wohnte.

Da hatte es „Zoom" gemacht. Allerdings waren es nicht nur das Testosteron, das Martin antrieb. Er war jetzt in dem Alter, in dem die Bundeswehr ihn gerne bei sich gehabt hätte. Dazu hatte er aber keine Lust. Zuvor hatte er sich mit seiner Ausbildung zum KFZ-Mechaniker herauswinden können, aber jetzt, nach der Ausbildung, war er reif.
Wenn es da nicht noch ein Schlupfloch gegeben hätte: heiraten! Verheiratete wurden in der Regel nicht eingezogen.

Natürlich haben wir die Hände über dem Kopf zusammengeschlagen. So jung heiraten und dann auch noch mit dieser Motivation? Das war doch zum Scheitern verurteilt. Also nahmen Micha und ich unseren Bruder in die Zange und redeten auf ihn ein. Das muss furchtbar gewesen sein. Ein durchaus selbstbewusster junger Mann und 2 rhetorisch sicher besser aufgestellte ältere Männer setzen ihn unter Druck. Die Folge: er redete nicht mehr wirklich mit uns. Und plante seine Hochzeit.

Astrid kam bei unseren Eltern 100%ig an. DAS war die Tochter, die sie sich gewünscht hatten. Sie war charmant zu Henry und schleppte Ida in die Muckibude. Sie besuchte die Schwiegereltern in spe regelmäßig und gab ihnen ein gutes Gefühl.

Auch ihre Eltern nahmen Kontakt auf: es war perfekt. Erst kam der Tag des Polterabends. Gefeiert wurde in Oberbilk in der „Forelle". Das war noch einer der guten, alten Polterabende. Oder? Nein, es war einer der neueren Polterabende. Es wurde Geschirr zerdeppert, aber es wurden auch schwerere Geschütze aufgefahren.

Die ca. 30 alten Blumentöpfe, die ich in einer Friedhofsgärtnerei abgestaubt hatte, waren noch harmlos. Aber dann kamen die Kloschüsseln und die Waschbecken. Und das Klopapier. Und natürlich wurden Teile der Scherben wieder aus dem Container geholt und erneut auf die Straße geworfen. Das Fegen nahm kein Ende. Und klar: Die Braut wurde auch entführt und gegen eine saftige Zahlung von Freibier in einer anderen Kneipe ausgelöst. Es wurde sehr viel getrunken und war damit ein würdiger Abschied.

Und dann kam die Hochzeit.

WOW!

Es war eine Motorradhochzeit. Schon während der Zeremonie in der Kirche (Martin im Anzug, Astrid in einem hübschen, weißen Brautkleid) hörte man draußen den Lärm der Maschinen. Als wir dann aus der Kirche kamen, standen davor ca. 20-30 Motorräder und ihre Fahrer. In der Mitte Martins „Ninja".

Das Brautpaar saß auf und führte dann, natürlich ohne Helm, die Kolonne an. Die fuhren dann laut hupend und auch sonst viel Krach machend, hinter den frischgebackenen Eheleuten hinterher zu der Kneipe, wo die Trauung stattfinden sollte. Einmalig!

Woran ich mich auch noch gut erinnern kann, ist ein Segeltörn mit den beiden. Ich hatte die beiden eingeladen und sie hatten sich auch sehr auf dieses kleine Abenteuer gefreut. Damals hatte ich die kleine Trophee, ein 21 Fuß langer Segler, mit dem ich schon viel erlebt hatte.

Wir fuhren durch die friesischen Gewässer Richtung Stavoren und sind da dann durch die Schleuse auf das Ijsselmeer gefahren.

Die Überfahrt nach Enkhuizen dauerte circa 3 Stunden, und der Wind war freundlich zu uns. Wir fanden einen Superplatz im Stadthafen und hatten einen schönen Nachmittag und Abend in der alten holländischen Stadt.

Am nächsten Tag hatte dann der Wind aufgefrischt und blies kräftig aus Südwest. Nun wollten wir wieder zurück auf die friesische Seite des Ijsselmeeres, und dafür kam uns der Südwestwind genau richtig.

Wir segelten aus dem Hafen, nahmen gewaltig Fahrt auf und schon nach einer halben Stunde konnten wir das Land nicht mehr sehen. Der Wind frischte noch ein bisschen auf, und wir fuhren mit Höchstgeschwindigkeit durch das Wasser. Dabei geigt das Schiff ziemlich stark, d.h., es schwankte wie ein betrunkener Seemann von rechts nach links, während es mit hoher Bugwelle durch das Wasser pflügte.

Und die Stimmung an Bord? Nun ja, Astrid wurde schlecht, und sie wollte unbedingt in die Kajüte. Ich rede ab, weil es immer besser ist, an dick zu bleiben, und sich da auf den immer ruhigen Horizont zu konzentrieren. In der Kajüte würde diese Krankheit nur noch schlimmer werden, aber das wollte sie alles nicht wissen. Sie wollte nur runter und da sterben Martin hingegen hatte keine Magenprobleme. Allerdings hatte er, obwohl er ein sehr routinierter Motorradfahrer war, Angst. Mit dem Motorrad fuhr er problemlos. 250 km/h auf der Autobahn, aber dieses kleine Schiff, dass nun mit circa sieben Knoten (13-14 km/h) durch das Wasser raste, macht ihm Angst.

Er flehte mich an, die Segel zu reffen oder ganz zu bergen, und ich schlug vor, doch eher den Spinnacker zu setzen. Das versetzte ihn ziemlich in Panik. Ich war wohl doch kein so guter älterer Bruder.

Aber Astrid glich das aus. Sie hatte sich meine nagelneue Salatschüssel geschnappt und kotzte da rein. Mehrmals. Die Prozedur war immer die gleiche: Es klopfte von innen an dem geschlossenen Schott, wir öffneten und die Salatschüssel wurde herausgereicht.

Wir kippten den Inhalt über Bord und gaben die Schüssel zurück und verschlossen die Kajüte (es hatte zwischenzeitlich angefangen, zu regnen) wieder. 3-4 Minuten später klopfte es dann erneut. Aber sobald wir im sicheren Hafen angekommen waren, war das alles vergessen und die Laune war wieder gut.

Nur der Salat hat mir danach aus der Schüssel nie mehr wirklich gut geschmeckt.

Die Ehe ging leider (wie befürchtet) nicht gut. Es kam zum Eklat und die beiden trennten sich.
Martin begann dann, die Düsseldorfer Frauen zu durchforsten und probierte viel herum. Bis er dann beim Skilaufen Petra begegnete.

Die Geschichte kenne ich nur vom Hörensagen. Martin war, glaube ich, in Sölden und hat da natürlich kräftig beim Après Ski mitgefeiert. Und dabei ist ihm Petra aufgefallen, die mit ihrer Mutter und deren Freund da war.

Es muss relativ schnell gefunkt haben, denn nach diesem Skiurlaub war Martin häufig in Stuttgart. Da wohnte und arbeitete Petra, während ihre Eltern in Paderborn waren. Martin besuchte sie oft und sie besuchte auch Martin in Düsseldorf. Relativ schnell zogen die beiden zusammen. Sie hatten die Wohnung in Lörick und später dann das Haus in Rath. Ich meine, in der Zeit hätten sie auch geheiratet.

Dieses Mal war es keine Motorradhochzeit, sondern es ging stilecht mit einer Pferdekutsche zur Kirche. Die Feier stand dann am Unterbacher See statt und es wurde wie immer kräftig getrunken. Ihre Familie war da, unsere Familie und Freunde. Es war ein feucht-fröhliches Fest, und so gingen die beiden in ihre gemeinsame Ehe.

Ganz anders als wir feierten sie natürlich deutlich mehr. Schliefen am Wochenende auch schon mal gerne sehr lange. In der Zeit machte Martin auch mehr und mehr Karriere, d.h., sein Geschäft wuchs zunehmend. Martin machte dann auch eine Menge Kohle und zeigte das auch gerne. Großes Haus, großer Hund, große, goldene Uhr, Porsche 911….da fehlte nichts.

Aber es gab auch Schatten. Schon kurz nach der Hochzeit leistete sich Martin einen Fehltritt, pikanterweise als seine frischvermählte Frau in die Hochzeitsreise vorgefahren war. Er nutzte die sturmfreie Bude und trieb es mit irgendeinem Mädel ausgerechnet im Ehebett. Chappeau! Später hat Petra es ihm aber mit gleicher Münze heimgezahlt.

Die Beziehung war eigentlich immer kritisch. Petra hat mehr als einmal gesagt, dass sie Martin verlassen will. Aber frei nach dem Motto: Pack schlägt sich, Pack verträgt sich haben sich die beiden irgendwie zusammengerauft und sind noch heute zusammen.

Hobbies

Ja, da muss ich überlegen: welche Hobbies hat mein Bruder? Eigentlich ist er ein ziemlicher Workaholic und nimmt sich nur wenig Zeit für sich selber oder für Hobbys. Es hat sich herauskristallisiert, dass er ganz gerne Sport macht. Als Kind/Jugendlicher hat er Judo gemacht.

Das ging wohl auch über einige Jahre. Später mündete es dann in Besuche beim Sport Studio. Das war zu einer Zeit, wo ich nicht im Entferntesten daran gedacht hätte, in so eine Folterkammer zu gehen, und die Reputation war seinerzeit auch nicht so toll. Aber Martin ging regelmäßig hin, trainierte, und er wirkte auch schlank, kräftig und gesund.

Als er dann 18 war, kam natürlich das Motorradfahren dazu. Er hatte mehrere Maschinen und eine war schneller als die andere. Ich schätze so um die 30 hat er aufgehört Motorrad zu fahren und hat das ganze erst wieder mit 50 und dann auch mit der typischen Harley-Davidson wieder begonnen.

Damit haben ihn die Motorräder länger begleitet als mich, da ich ja erst mit Mitte 40 begonnen habe, zu biken. Er machte Kurztoure hier in die Gegend und ist auch damit in Urlaub gefahren heute. Bis vor kurzem hatte er eine stark modifizierte Harley gehabt und damit ist er dann oft zu Harley Treffen gefahren. Das aber dann per Transporter bis kurz vor den Veranstaltungsort und dann die letzten Kilometer mit dem Motorrad. Das Ding durfte ja nicht schmutzig werden.

Unnötig, zu sagen, dass er gerne feierte. Aber wer macht das nicht gerne? Martin allerdings feierte sehr extensiv. Alkohol floss in Strömen und der Absatz von Jägermeister, seinem Lieblingsgetränk, war legendär. Aber wenigstens wurde er nicht aggressiv, wenn er betrunken war. Er schlief einfach ein.
Feiern fanden in der Kneipe statt oder aber auch bei ihm zuhause. Es gab immer neben der Sauferei auch Unmengen zu essen und es war immer sehr lecker. Diese Gastfreundschaft ist eine seiner sehr positiven Dinge, auch, wenn es mir manchmal etwas übertrieben vorkommt.

Es ist aber auch für ihn ein Ventil, um zu zeigen, was er hat. Das war schon immer ein wichtiger Motor bei ihm.

Ich habe eine ganze Zeit lang Armbanduhren gesammelt und mich dabei ziemlich auf Rolex fokussiert. Ich verstand eine Menge von Uhren, auch von den älteren Modellen und auch von anderen Uhrenmarken außer Rolex. Eines Tages sagte mir Martin, dass er auch eine schöne Uhr kaufen wolle. Er fragte mich nach meinem Rat, und ich habe ihm, als ziemlich sportlichen Menschen, zum Beispiel eine Rolex Submariner oder eine Sea Dweller empfohlen.

Eventuell ginge auch eine schöne Omega Seamaster.

Aber die Uhren gefiel Martin nicht. Er wollte etwas haben in Gold. Das war damals vielleicht nicht so modisch, und mir gefielen solche goldenen Uhren auch nicht, weil sie meiner Meinung nach zu protzig waren.
Martin aber sah das komplett anders und wollte genau so eine goldene Uhr haben und zwar deshalb, damit jeder sehen konnte, dass er sich so etwas leisten konnte.

Ein ernsthaftes Hobby, wenn man das so bezeichnen darf, war aber seine Liebe zu Hunden. Da war er auch, beeinflusst durch seine Frau, die mit Hunden aufgewachsen war. So kam der Tag, als Rolex ins Haus kam.

Rolex war nicht etwa eine Armbanduhr, sondern ein Neufundländer. Das war ein wirklich Liebestier, zwar riesig groß, aber auch lammfromm. Mausi hat diesen Hund wirklich geliebt. Als deren kaum aus dem Welpen Alter heraus krank wurde, braucht für Martin fast eine Welt zusammen. Aber die Ärzte haben das Tier wieder hingekriegt, und so hatte der Hund und auch Martin beide eine gute Zeit. Rolex war auch immer im Büro und begrüßte die Gäste.

Es war nur eines an dem Hund, was wirklich gefährlich war: das Tier hat gesabbert. Wenn da irgendwo was Essbares war, fingen die

Speichelfäden an den Lefzen an, zu laufen und erreichten bald den Boden.

Wenn das Tier sich nun schüttelte, war alles vorbei. Ich bin oft nach Besuchen bei Martin nach Hause gefahren und habe mir da eine andere Hose angezogen.

Martin hatte einen Mitarbeiter, der auch ein Hund hatte. Es war ein kleiner Kampfhund, der auf den Namen Spike hörte. Es war ein Kampfhund, aber auch dieses Tier war wirklich nett.

Die beiden waren im Büro und oft trauen sich Leute nicht hinein, sobald sie den riesigen Rolex sahen oder den kleinen, aber sehr kräftigen Spike. Entwarnung gab es nur, wenn meine Mutter da war. Denn dann saßen die Hunde beide vor ihr und sabberten um die Wette, weil bei ihr immer mal wieder ein Keks oder vielleicht auch ein kleines Stückchen Frikadelle abfielen. Eine wunderbare Szenerie.

Skilaufen

Später entdeckte Martin auch das Skilaufen. Das war dann in seiner aktivsten Zeit auch der einzige Spaß, den er sich gönnte. Er fuhr ganz ganz selten im Urlaub. Aber einmal im Jahr zum Skilaufen, das ließ er sich nicht nehmen. Meistens war es eine Woche oder zehn Tage und in der Regel fuhr er nach Österreich. Das war ja auch die Gelegenheit, bei der er Petra kennengelernt hatte. Meistens verabredete er sich mit einigen seiner Freunde, und dann fuhren sie im Pulk nach Österreich, um dort eine Mischung von 30 % Sport und 70 % Feiern zu absolvieren.

Computerbasteln

Jetzt kommen wir vielleicht zu einer seiner größten Leidenschaften. Computer! Schon sehr früh hatte er einen Commodore Computer und konnte auch recht gut damit umgehen. In seinem ersten Laden hatte er ein kleines Rechnungsprogramm programmiert, mit dem er seine Verkäufe dokumentierte.

Damit war es aber nicht zu Ende. Bald schafft er sich einen normalen Intel / Windows Computer an und wickelt darüber seine Geschäfte ab. Kernpunkt dabei war Win-Fax, ein damals sehr populäres Fax Programm. Man hinterlegt eine Tabelle mit den entsprechenden Adressaten und dann schickt das Programm nahezu zu beliebig viele Faxe in die Welt.

Nahezu beliebig viele? Das waren bei Martin eine Menge. Seine Datenbank fing vielleicht mit 50 Adressaten an, aber bald erreichte sie den dreistelligen Bereich. So hatte der Fax Server fast die ganze Nacht zu tun, Faxgeräte anzuwählen und Dokumente zu übermitteln. Das tat er natürlich nicht klaglos, weil Martin auch gerne an den Einstellungen herumspielte und so immer wieder Fehler verursachte.

So, wie sich die Computer Industrie ständig wandelte, so wandelte sich auch Martins Anspruch an sein lokales Netzwerk. Denn das hat er bald. Eine Windows Domäne, ein File Server, einen Mail Server, ein Fax Server und was nicht alles noch.

Er hatte immer das neueste, egal, ob es noch fehlerhaft war oder nicht und er kombinierte es mit anderen neuen und teilweise ungetesteten Programmen. Es war ein Chaos. Er rief mich oft an mit irgendwelchen Sonderfällen, die ich selbst in meiner professionellen Laufbahn noch nie gehört hatte.

Ich hatte ihm irgendwann die Adresse eines Supporters von mir gegeben, und auch den hat er in den Wahnsinn getrieben. Aber nach circa 20 Jahren, versiegte Martins Forschungsdrang, und der Wunsch nach einer stabilen Umgebung gewann die Überhand. Von da an bastelt ihr nicht mehr so viel, dafür lief aber sein Netzwerk wesentlich ruhiger.

Urlaub & Reisen

Bei meinem Bruder die Worte Urlaub mit seinem Namen in Verbindung zu bringen, ist nicht einfach. Als ausgeprägte Workaholic fuhr er nur sehr selten in Urlaub. In seiner Kindheit erinnere ich mich daran, dass er öfter mit unserer Mutter nach Holland gefahren war. Da hatte Ida einen Wohnwagen gemietet auf einem Campingplatz nah an den Dünen und nah am Strand. Hier hatte Martin sicher eine gute Zeit. Auch wir, Michael und ich, besuchten sie dort von Zeit zu Zeit. Es fand sich immer ein Platz im Vorzelt, wo wir eine Matratze hinlegen konnten und ein / zwei Nächte übernachteten.

Einmal bin ich da mit meiner Freundin Barbara hingefahren. Es war schönes Wetter, und meine Mutter wollte an den Strand. Sie zog mit Martin los und Barbara und ich meinten, dass wir keine Lust hätten, und am Wohnwagen blieben.

Natürlich wollten wir nicht chillen, sondern wir wollten „für uns alleine" sein. Das funktionierte auch 10 Minuten lang, bis mein kleiner, damals circa zehnjähriger Bruder am Wohnwagen auftauchte. Wir unterhielten uns kurz mit ihm, und ich fragte ihn, ob er nicht für uns Pommes holen wollte.

Verfressen wie er war, war er natürlich begeistert, aber dann machte es Klick, und er merkte, dass wir ihn loswerden wollten. Was nun folgte, war eine längere Erpressungsgeschichte. Wir versuchen uns es mit Eis, Pommes, einem Karussell, das nicht weit entfernt war, und schließlich war es die Kombination aus allem, die ihn bewegte, uns mal 20 Minuten in Frieden zu lassen. Ein teuer erkauft es Schäferstündchen.

Später fuhr mein Bruder Michael mit seiner Freundin Ulrike, mit unserer Mutter und mit Martin nach Sizilien. Da unten hatten sie einen wunderbaren Sommer, den auch meine Mutter sehr genoss. Auch Martin fand es sehr schön und man konnte es auch sehen. Er äugte gerne zu den Bikinischönheiten hinüber, und sein pubertärer Körper zeigte relativ deutlich, dass ihm gefiel, was er sah. Pubertät ist eine schwere Zeit.

Später dann, Martin war vielleicht 19 oder 20, nehme ich ihn mal mit zum Segeln. Dabei war auch sein damaliger Freund Rainer. Die beiden freuen sich auf den Segeltörn, und wir fuhren von unserem Heimathafen aus auf die friesischen Gewässer. Mein Fokus damals war die Schönheit der Natur, das Wetter, die Meere und die anderen Segelschiffe. Martin und Rainer erkundigten sich eher danach, wo denn hier Discos sind.

Jetzt muss man folgendes wissen: Friesland ist ein wunderbares Wassersportrevier. Hier dreht sich alles um Wassersport. Es geht um den Wind, um das Wetter und um sichere Liegeplätze in den Häfen.

Die Leute hier laufen eigentlich alle in Seglerschuhen oder Gummistiefeln herum, man trägt diese Südwester und bestenfalls Jeans.

Es gibt natürlich auch Diskotheken, klar. Aber die sind anders, als zum Beispiel in Düsseldorf. Hier zieht man sich nicht um wenn man in die Disco geht, sondern man geht mit den Seglerklamotten, die man an hat.

Anders die beiden Jungs. Die schütteten sich hektoliterweise Rasierwasser über den Kopf, dass man in der Kajüte des kleinen Schiffes kaum noch atmen konnte. In den mitgebrachten Reisetaschen war keine Schlechtwetterkleidung, sondern nur schicke Hemden und Bundfaltenhosen.

Wenn ich dann abends sagst du: kommt, lass uns ein Bier trinken gehen, dann dauerte es circa 20 Minuten, bis die beiden mit ihren Frisuren fertig waren. Und dann gingen sie, unter den spöttischen Blicken der anderen holländischen Jungs in den Club.

Ungefähr nach dieser Zeit fing eine sehr lange Periode an, in der Martin nur arbeitete. Sein Laden war seine Priorität Nummer eins und er verbrachte sieben Tage und vielleicht auch 24 Stunden am Tag mit Arbeit. Er war der erste, den ich kannte, der mal irgendwo nach Spanien gefahren war und da ein Notebook mit einer Modem Karte mithatte. Arbeiten stand ganz weit vorne.

Einmal lasse ich Petra überredet, in die USA zu fahren. Der Flug ging von Amsterdam aus und ich war auserkoren, ihn dahin zu bringen. Wir fuhren mit seinem Mercedes (S Klasse) nach Amsterdam. Coole Karre! Ich setze ihn am Flughafen ab und fuhr mit meiner damaligen Freundin wieder zurück nach Düsseldorf.

Die S Klasse ist ein sehr schnelles Auto, aber zwischendurch war das Wetter so schön, dass ich liebe das elektrische Schiebedach aufmachen um die Luft zu genießen. Als ich genug genossen hatte, wollte ich das Schiebedach wieder zu machen, aber das hat, sehr Mercedes untypisch, nicht funktioniert.

So sind wir dann mit offenem Schiebedach bis nach Hause gefahren. Unterdessen war Martin in Florida und sah sich Amerika an. Nach seinem Urlaub lud er uns zu sich nach Hause ein und mit uns auch einen Freund, den er dort kennengelernt hatte. Dieser Freund war auch Tourist und hatte eine Video Kamera. Auf der Fete zeigte er uns die gemachten Aufnahmen.

Es waren ungeschnittene Filme und der Typ gab auch zu: „ich halte immer drauf". Wir sahen so etwas Spannendes wie die Taxifahrt vom Flughafen bis ins Hotel und ähnliche Höhepunkte der deutschen Filmkunst. Martin hat dieser Urlaub gut gefallen, bis auf die Tatsache, dass er 11 Stunden lang nicht rauchen durfte. Das war damals neu in den Flugzeugen und hat ihn sehr hart getroffen.

Absolut legendär war ein Skiurlaub, in dem ich mal mit den beiden, Petra und Martin, gefahren war.

Die 2 wollten nach Sölden und hatten mich freundlicherweise gefragt, ob ich mitwollte. Und ich hatte nichts anderes zu tun und bin zu der Zeit auch noch gerne Ski gelaufen. Also sagte ich zu und wir fuhren in Richtung Österreich.

In Sölden waren wir in einem kleinen Hotel untergebracht und wir verloren nicht viel Zeit, sondern gingen direkt auf die Piste. Wie sah das aus? Mit dem Lift auf den Berg, und dann auf irgendeiner der Pisten wieder runter.

Noch mal hoch, und dann auch wieder runter.
Noch mal hoch, dann eine Pause in einer der Hütten. Wir waren nicht alleine, sondern es war ein ganzer Pulk von acht oder zehn Leuten. Mit denen trafen wir uns in der Hütte und kauften da etwas zu essen und etwas zu trinken.

Tendenziell war es mehr zu trinken, als zu essen. Und die Bestellung wurde normalerweise von einem gemacht. Der gab dann eine oder zwei Runden raus und zahlt das auch. Dann fuhren wir weiter. Aber nicht für lange, denn nach einiger Zeit machen wir noch mal eine Pause und kehrten in einer der Hütten ein.
Jetzt war es jemand anderer, der einen ausgeben musste. Und noch einen. Dann sagte ein Dritter: jetzt gebe ich einen aus. Und so ging es weiter. Gehen wir mal von zehn Leuten aus, dann haben an so einem Skitag mindestens zehn Leute jeweils eine Runde gegeben, das bedeutete, dass auch jeder mindestens zehn Schnäpse intus hatte. Und das war

nur der normale Skitag. Dem folgt dann noch das Après Ski!

Hier haben wir dann richtig aufgedreht. Eine Runde folgte auf die nächste, und es wurden wenig Pausen gemacht. Und so ging es jeden Tag. Wir standen halbwegs früh auf, gingen auf die Piste, dann in die Hütte, wieder auf die Piste und wieder in die Hütte. Wenn wir am Ende des Tages ins Tal runterfuhren, war es meistens schon etwas dunkel und man konnte nur wenig sehen. Zudem waren wir alle ziemlich betrunken und es ist ein Wunder, dass da nichts passiert ist.

Einmal sind wir nach dem Après Ski vor die Kneipe gegangen und Petras Skier waren gestohlen worden. Das war aber kein großes Problem, weil Petra sich sofort andere genommen hat.
Und Silvester haben wir dann auf einer Hütte gefeiert. Wir hatten da einen Tisch reserviert und haben lecker gegessen. Dann, zur vorgerückten Stunde und nach vielen Schnäpsen, kam jemand auf die Idee, Strip Poker zu spielen.

Und das haben wir in unserem besoffenen Kopf dann auch gemacht. Es wurden Schuhe ausgezogen, Hemden, und dann fielen die ersten Hosen. Es gipfelte dann wirklich darin, dass mehrere von uns nackig in der Kneipe standen.

Die anderen Gäste schauten natürlich interessiert zu. Das war ein Silvesterabend, den ich wohl nie vergessen werde. Nach circa acht Tagen wurden wir ruhiger. Der Grund: wir konnten einfach keinen Alkohol mehr trinken. Es war zu viel. Ich glaube an einem Abend haben wir dann auch kein Après Ski mehr gemacht und am Tag drauf sind wir dann auch wieder abgereist.

Heute hat Martin ein Wohnmobil. Ich glaube, das ist eine super Lösung für ihn. Hier kann er sehr flexibel verreisen, und vor allem kann er seine Hunde mitnehmen. Das Wohnmobil ist sehr geräumig und Martin ist David schon mehrfach in Kroatien gewesen, in Spanien, auf Sylt und in Holland.

About unsere Eltern…

Anfangen muss ich bei Martin und Else. Das waren meine Großeltern. Martin war Pfarrer und kam auch aus einer Pfarrersfamilie. Er heiratete damals nicht standesgemäß (eigentlich hat die Familie darauf immer großes Augenmerk gelegt) sondern er heiratete die Tochter eines Kneipiers. Vater Kohlhoff gehörte die Bahnhofsgaststätte in Königsberg, damit war er offensichtlich ein reicher Mann.

Aus der Ehe gingen 7 Kinder hervor; Martin war also sehr fleißig. Der Erstgeborene war Heinrich, genannt Henry. Danach folgten Gotthold, Eberhardt, Hartmut, Inge, Gudrun und Dietrich.

Von denen lebt heute nur noch Dietrich. Er hat sich mit seiner Frau Hildburg in Hamburg niedergelassen und hat 2 Kinder; die wiederum haben auch schon Kinder. Dietrich hatte ursprünglich Kirchenmusik studiert und danach dann Musik gemacht. Seine Liebe galt und gilt dem Jazz und eine Zeitlang hat er bei Knut Kiesewetter gespielt. Heute begleitet er noch von Zeit zu Zeit das Hamburger Fernsehorchester. In seiner wilden Zeit hat er Udo Lindenberg gekannt und hat mit ihm im berühmten Star-Club und in den Kasematten getrunken.

Aber nach einiger Zeit verließ er die Musik als Brötchenerwerb und wurde Fahrlehrer. Und nach einigen Jahren übernahm er die Fahrschule und machte bis zum Renteneintritt sein eigenes Ding als Unternehmer und als Fahrlehrer.

Seine ältere Schwester Gudrun trat einen Werdegang als Krankenschwester an. Sie machte eine Ausbildung und war durch die Prägung ihrer Eltern immer sehr kirchennah. Was Wunder, dass sie da einen jungen Geistlichen kennenlernte und ihn heiratete.

Mit Werner bekam sie 3 Kinder, Andreas, Cordula und Tobias. Die beiden lebten bei Kiel, später in einer kleinen Stadt südlich von Hamburg und schließlich in Hamburg. Dort trennte sich dann auch Werner von ihr und als sie die 70 überschritt, ging sie freiwillig in ein Heim, wo sie dann auch starb. Wenig später folgte ihr dann auch Werner. Andreas hat irgendwie nie zu 100% den Schritt ins Leben geschafft. Er fand keinen Partner / Partnerin für das Leben und auch sein Job als Sozialarbeiter befriedigte ihn nicht. Nein, es war schlimmer. Der Job stresste ihn.

Heute wurde bei ihm eine Depression festgestellt, vielleicht kann er jetzt, gestützt durch die Hilfe von Ärzten und mit entsprechenden Medikamenten, ein besseres Leben erreichen.

Cordula war wohl in ihrer Schulzeit ein absolutes As. Mit einem Spitzenabitur hat sie aber dann eine Laufbahn in der Hotel- und Gaststättenszene begonnen. Sie machte mehrere Abschlüsse bis hin zum Chef de Rang. Dann tingelte sie durch die Welt und hatte Jobs in vielen verschiedenen Ländern. Das Problem (das wir auch von unseren Eltern kannten) ist natürlich, dass das kein ‚normales' Leben ist. Man arbeitet an verschiedenen Orten und meistens nachts. Wenn man Partner kennenlernt, sind sie üblicherweise aus der gleichen Branche. Das schränkt natürlich ein.

Aber eines Tages lernte sie dann ihren jetzigen Partner Jaques kennen, einen Schauspieler. Mit dem machte sie zusammen ein Restaurant auf, das aber leider scheiterte. Aber danach bekam sie einen Job bei Villeroy und Boch, wo sie heute das ‚Offizierskasino' leitet. Not bad.

Last but not least ist da Tobias, der Jüngste. Er machte seinen Weg ein wenig im Schatten der großen Geschwister, lernte Schreiner, ging zu Greenpeace und wurde dann letztendlich Theaterpädagoge. Er ging nach Tübingen und lernte seine Frau Flavia kennen. Da die beiden keine Kinder bekommen konnten, entschlossen sie sich, einen russischen Jungen, Sascha, zu adoptieren. Es war eine lange Hängepartie, bis die Adoption durch war, aber dann flogen die beiden nach Sibirien, um da ihr Kind abzuholen. Da sie ihre Hochzeitsreise mit der Transsib gemacht hatten, war das Terrain für sie nicht unbekannt.

Zweites Mädchen in der Familie war Inge. Sie war die Patentante von Michael. Von ihr weiß ich nicht viel. Sie hatte Psychologie studiert und auch darin promoviert. Aber sie ist dann sehr früh Anfang der 60iger gestorben.

Hartmut und Eberhard waren die beiden älteren Brüder. Sie sind beide sehr früh in die Wehrmacht eingezogen worden und beide nach kurzer Zeit im Russlandfeldzug gefallen.

Der zweitälteste Sohn war Gotthold. Zusammenfassend kann ich sagen, dass ich nur zu Gudrun (meiner Patentante) und zu Dietrich ein wenig Kontakt hatte. Gotthold hat sich immer sehr zurückgehalten und ich kann mich nur schwach an ihn und seine Frau Karin erinnern. Ich weiß nur, dass er bei der NAPOLA war.

Die NAPOLA war eine Art Internat für jugendliche ‚high potentials‘, die hier eine Ausbildung (viel Sport) bekamen und für eine Karriere im Nazi-Regime vorbereitet worden. Und so war Gotthold dann auch später U-Boot Kommandant im 2. Weltkrieg.

Insgesamt hat er auch den Krieg gut überstanden und nach einer Ausbildung als Schreiner dann ein Lehramtsstudium absolviert. Mit der Schreinerausbildung hat er sich ein Segelboot gebaut, mit dem wir auch einmal in der Kieler Förde gesegelt sind und mit dem Studium brachte er es bis zum Oberstudienrat an einem Gymnasium mit dem Hauptfach englisch.

Später kaufte es sich dann in England eine größere Yacht und verbrachte viel Zeit mit seiner Frau Karin auf der Ostsee zwischen Deutschland, Dänemark und Schweden.

Im Laufe der Zeit bekam er Krebs und starb dann eines Tages plötzlich und sicherlich unerwartet. Er war mit seiner Frau Richtung Schweden mit seinem Schiff unterwegs, und in der Nacht gingen die beiden unter Deck und ließen die Selbststeueranlage Dienst tun. Und während er einen Keks aß, kippte er langsam nach vorne und war tot.

Für ihn als begeisterten Segler war das sicher das Beste, was ihm passieren konnte. Für Karin aber war das wahrscheinlich der Alptraum. Meilenweit von der Küste entfernt alleine auf einem 40 Fuß Schiff mit einer Leiche an Bord....Aber sie war eine routinierte Seglerin, so dass das abgesehen von Schreck und Trauer kein größeres Problem darstellte. Sie segelte nach Schweden, Gotthold wurde beerdigt und soviel ich weiß, lebt sie auch heute in Schweden mit einem Türken zusammen. Das Leben geht manchmal unvorhersehbare Wege....

Und das bringt mich zu Henry (Heinrich), dem Erstgeborenen.

Henry wurde 1918 in Usdau, dem heutigen polnischen Uzdowo, geboren. Aufgewachsen ist er dann wohl in Königsberg. Der strenge Vater Martin hat ihn zum ‚Vorgesetzten' und Erzieher für die jüngeren Geschwister gemacht. Er hat wohl auch Kirchenmusik studiert oder Geige, wurde dann aber auch zur Wehrmacht gerufen und war in verschiedenen Standorten. Darunter war Biarritz in Südfrankreich und Erkrath. Letzter Standort hat ihn dann viel später motiviert, nach Düsseldorf zu gehen.

Vorher aber war der Krieg und später dann mehrere Jahre Kriegsgefangenschaft in Russland. Er kehrte dann spät nach Kiel zurück, wo auch schon der Rest der Familie war.

Um Geld zu verdienen, spielte er in einer Kapelle in der ‚Fledermaus', wo er dann Ida kennenlernte.

Idas Herkunft ist im Trüben. Wir wissen, dass sie ein uneheliches Kind von Magdalena war, die aber ihrerseits auch schon unehelich geboren wurde. Eine konsequente Reihe. Bei dieser Großmutter wuchs sie in Königsberg auf und wurde da sehr verwöhnt.

Ihre Mutter war Schneiderin und es ist gut vorstellbar, dass sie verwöhnt und wie eine Prinzessin gekleidet wurde. Und so war es ziemlich logisch, dass sie Tänzerin wurde. Sie lernte am Staatstheater Ballett und hat auch einige Male getanzt. Dann kam der Krieg und dann die Flucht. In der Zeit hat sie ‚beim Engländer' gearbeitet und war da Funkerin. Als 18-19 – jähriges Mädchen zwischen den Soldaten ….. gefährlich.

Und so hat es mich nicht gewundert, dass sie sich in Paul verliebte. Paul war Militärpolizist in den Diensten der Belgischen Armee. Eine große, wohl unerfüllte Liebe. Sie hat ihn Ende der 70iger in Belgien / Holland wiedergetroffen, aber es wurde nichts angeknüpft.
Als der Krieg vorbei war, ging sie nach Westen und traf dort nach längerem Suchen auf ihre Mutter, die inzwischen auf einem Bauernhof bei der Familie

Dreyer in Soltau untergebracht war. Von dort aus suchte sie sich einen Job und fing als Tänzerin in einer Revue in der Fledermaus an, wo sie dann auf Henry traf.

Die Beiden kamen schnell zusammen und bekamen 1951 ihr erstes Kind.

In Wahrheit waren es 2 Kinder, Zwillinge. Aber der eine davon, Hartmut, war zu schwach und starb wenige Tage nach der Geburt und einer schnell durchgeführten Nottaufe. 1952 machte Henry sich dann auf den Weg. Einerseits wollte er nach Düsseldorf und ich glaube, dass es auch Spannungen zwischen ihm und Martin gegeben hat. Der konnte sich nicht damit anfreunden, dass Henry in der nicht so toll beleumundeten Unterhaltungsmusik seine Bestimmung gefunden hat.

Henry war im Krieg im Truppenorchester gewesen und ich glaube, dass er sich auch in der Gefangenschaft mit seiner Kunst Vergünstigungen ‚erspielen' konnte. Und so machte er das schließlich zu seinem Beruf und spielte Geige, Akkordeon und später dann hauptsächlich Klavier.

Krieg ist schlimm, Vertreibung sicher auch. 5 Jahre Kriegsgefangenschaft gehen auch nicht spurlos an einem vorbei. Und das haben wir als Kinder viele Jahre lang zu spüren bekommen. Das Argument „er hat es am Magen, das kommt alles von der

Gefangenschaft" musste oft als Begründung / Entschuldigung herhalten.

Henry, Ida und mein Bruder Micha zogen dann unter widrigen Umständen in die Königsallee 104. Wohnraum war knapp und wurde unter der Hand gehandelt. Henry hatte den Tipp für die Bruchbude wohl von einem Gast bekommen und hatte dafür viel Geld gezahlt. Er hatte das für die Kaution gehalten, aber es war eine Vermittlungsprovision. Die Kaution kam dann später noch dazu.

Und dann wurde ich 1953 geboren und wir lebten mit 4 Personen in der einem Speicher nicht unähnlichen Dachgeschosswohnung. Henry arbeitete damals in der Toni-Bar auf der Bahnstraße. Aber er hatte auch Engagements in anderen Städten, in Holland und später in Schweden. Dann war er teilweise monatelang weg und ließ Ida mit ihren Kindern alleine zuhause.

Ida konnte nicht so toll mit Geld umgehen und so waren wir öfters pleite. Aber das war kein Problem, weil man bei den Händlern anschreiben lassen konnte. Das war dann eine unserer Aufgaben („Meine Mutter bezahlt morgen!").

Wir bekamen damals auch unseren Garten in Grafenberg. Henry pachtete den Schrebergarten und das war ganz schön. Wir Kinder konnten da spielen, Obst und Gemüse bereicherte unseren Speiseplan und Henry hatte was zu basteln. Er baute für uns einen Sandkasten und eine Schaukel. Später kam eine selbstgebastelte Tischtennisplatte dazu. Er schuf einen Liegeplatz und baute später dann eine Mauer. Noch später kam dann ein Goldfischteich dazu.

Henry schätzte das primitive Leben im Garten und schuf da eine Umgebung, die wohl der in seiner Gefangenschaft in Russland irgendwie ähnlich war. Alle Bemühungen von Ida, den Garten ‚schön' oder gar ‚wohnlich' zu machen, liefen ins Leere. Die Nachbarn begannen, im Garten Strom zu legen, installierten auch schon mal einen Fernseher und übernachteten auch schon mal da. Das alles war bei uns nicht möglich. Strom kam erst sehr spät und der dann installierte Kühlschrank beherbergte bestenfalls geschlossene Flaschen, die man trinken konnte.

Neben den Spielen mussten wir auch oft im Garten arbeiten. Nicht etwa spannende Tätigkeiten, wie z.B. mit dem Motorrasenmäher mähen, sondern eher Unkraut rupfen oder Laub harken. Wir bekamen dafür Geld, aber dafür hätten wir niemals gearbeitet. Geld oder was hinter die Ohren waren die Alternativen.

Durch die Nachtarbeit war Henry nicht in unserem Lebensrhythmus. Er schlief bis nachmittags, fuhr dann oft in den Garten und wir mussten mit. Und abends machte er sich dann fertig für seine Arbeit. An den Mahlzeiten nahm er nicht teil, außer er hatte Urlaub oder frei. Mahlzeiten ohne ihn waren immer besser, weil er einen laufend korrigierte, wenn er dabeisaß. Sitz gerade! Wie hältst du den Löffel? Schlürf nicht! Kinder bei Tische sind still wie die Fische! Ellenbogen vom Tisch! Wie war's in der Schule?.......

Wenn wir aus der Schule kamen, mussten wir leise sein, weil Henry schlief. Wenn er durch uns aufwachte, gab es Prügel. Und die gab es oft. Natürlich haben wir auch Anlässe gegeben. Aber seine Erziehungsmethoden waren da nicht sehr breit gefächert. Ohrfeigen, Schläge mit dem Teppichklopfer oder auch mit dem Gürtel. Ich schätze, dass ich (Micha war folgsamer oder wurde weniger oft erwischt) mindestens 2 Lebensjahre im Stubenarrest verbracht habe.

Stubenarrest bedeutete, dass ich auch nicht an den gemeinsamen Mahlzeiten teilnehmen durfte. Wenn Henry nicht da war, hat Ida das ignoriert, und wenn er am Essen teilnahm, entging ich den Ermahnungen und Korrekturen und konnte sogar beim Essen Micky Maus Hefte lesen.

Schön war die Zeit nicht.

Henry arbeitete als Alleinunterhalter, nur selten hatte er einen 2. Mann mit dabei. Er träumte immer davon, sich mit einer Kneipe selbständig zu machen, zum Glück ist es nie dazu gekommen. Als Unternehmer wäre er eine Katastrophe gewesen. Einmal stieg er in das Geschäft eines Automatenaufstellers ein. Er hatte in der Weinwirtschaft jemanden kennengelernt, der damit steinreich geworden war. Das

Geschäftsmodell war einfach. Automaten kaufen und Lokalitäten suchen, wo man die aufstellen durfte (Kneipen). Und dann regelmäßig vorbeifahren, das Geld rausnehmen und gegebenenfalls das Gerät warten. Wenn man mehrere Automaten hatte, konnte man auch beginnen, weitere Automatenaufsteller zu rekrutieren, und verdiente dann an dem Automatenverkauf ebenfalls mit. Ein klassisches Schneeballsystem.

Henry kaufte ein oder 2 Automaten und suchte sich einen Wolf nach einem Ort, wo er die aufstellen durfte. Die Besitzer dieser Orte bekamen Provision vom Aufsteller und die guten und ursprünglich billigen Orte waren schnell vergeben. Was übrig blieb waren Orte, wo nur wenige Menschen als potentielle Nutzer aufliefen und Orte mit sehr gierigen Vermietern, die dann natürlich die Marge des Aufstellers schmälerten. Aber bevor man so einen teuren Automaten zuhause stehen hat.....nach ein paar Monaten verkaufte Henry die Dinger wieder, bevor sie ihn ruinierten.

Aber er suchte noch lange nach einer Kneipe. Die wurden damals von den Brauereien gesponsort. Man brauchte eine Lokation, und die Brauerei stattete einen dann mit einem Tresen, einer Zapfanlage und anderen notwendigen Dingen aus. Aber dann bekam man von der Brauerei eine Quote. Die betraf die Anzahl der Hektoliter Bier, die man verkaufen musste. Ein echter Knebelvertrag. Und mit dem Bier machte man kaum Marge. Die kam dann eher vom Schnaps. Ein schwieriges Geschäft. Zu Ida's Glück ist da nie was draus geworden.

Also blieb er bei der Musik. Mal in der Altstadt, mal in einem Striptease-Laden auf der Oststraße und immer mal wieder in Schweden. Ida war viel alleine und Henry offensichtlich nicht. Treue war nicht sein Ding. Aus Schweden brachte er auch Pornos mit. Das waren Hefte mit Schwarz/Weiß-Bildern und der Höhepunkt war ein Schmalfilm. Auf dem Film war eine Frau, die sich mit dem Rücken zum Zuschauer auszog, sich dann umdrehte und dann zum Ufer eines Sees lief, um da dann reinzuspringen. Wahnsinn! Für uns Pubertiere war das ein gefundenes Fressen.

Henry war dem Alkohol sehr zugetan. Er trank „im Dienst" und auch gerne mal an seinen freien Tagen. Wenn er nachts betrunken nach Hause kam, kochte er sich oft noch was. Die Küche sah danach aus, wie nach einem Bombenangriff. Wie mag sich Ida gefühlt haben, wenn sie morgens Frühstück machen wollte? Henry hatte ja einen Führerschein und fuhr anfangs Motorrad, später Auto.

Das Fahren mit ihm war nicht immer schön. Klar mochten wir generell Spazierfahrten mit dem Auto, aber auch hier tat Henry viel, um einem die Fahrt zu vermiesen. Am Schlimmsten war immer, dass man nicht husten durfte. Hustete man, hieß es sofort: hustest du schon wieder? Und der Ton dabei war nicht freundlich. So kam es regelmäßig, wenn man mal einen Hustenreiz hatte, zu (fast)

Erstickungsanfällen, weil man das Husten wieauchimmer vermeiden wollte.

Ich hatte Angst vor Henry. Keine Liebe, sondern nur Angst. Schläge, Tritte, Strafarbeiten, Stubenarrest (nicht zu verwechseln mit Hausarrest) waren meine Begleiter. Und das nicht immer situationsbedingt, sondern ständig. Stubenarrest hörte nicht auf. ‚Seiten schreiben', eine Schönschreibübung, tat ich über Jahre. Einmal war die Strafe: Eine Woche lang jeden Tag Prügel. Regelmäßig gegen 15 Uhr ging es ins Wohnzimmer, wo die Strafe vollstreckt wurde. Highlight war, als Henry mir eine Glatze schnitt. Das war damals nicht populär.

Er soff, hatte Kneipenschlägereien und kam schon mal blutüberströmt nach Hause. Ida flüchtete, als wir noch klein waren, öfters in unser Zimmer und weinte da.

Als wir so um die 20 waren, kam es zum Zerwürfnis. So nah waren Ida und Henry noch nie an einer Scheidung. Es gab getrennte Schlafzimmer und Ida wendete sich mehr ihrer Arbeit zu. Einmal wendete sie sich auch ihrem alten Freund Paul aus Antwerpen zu und wir hätten das auch befürwortet, aber sie hat dann doch schnell aufgehört.

Erst Jahre später fuhr sie wieder mit Henry zusammen in Urlaub. Sie war jahrelang nach Cadzand gefahren und eines Tages nahm sie ihn mit. Danach gab es noch Urlaube in Spanien und Tunesien.

Henry soff weiter und fuhr immer schlechter Auto. Schließlich hatte er ein oder zwei Beschuldigungen wegen Fahrerflucht kassiert, weil er die Parkrempeleien einfach nicht gemerkt hatte. Micha verbot seiner Tochter, mit Henry zu fahren und ich verzichtete irgendwann auch darauf. Es war zu stressig. Henry sparte gerne.

Er wusste, dass ein Auto mit gezogenem Choke mehr Sprit verbraucht. Aber der kalte Motor lief immer unrund; heute macht eine Kaltstartautomatik den Job. Damals aber konnte man das manuell mit einem Bowdenzug machen. Und Henry hatte da eine Strategie. Er startete mit Choke, schob den Regler aber sofort wieder zurück. Gleichzeitig gab er Gas. Das stellte sich wie folgt dar: In der Garage wurde der Wagen gestartet, dann heulte der Motor bei 3000 UpM auf und Henry fuhr mit heulendem Motor und schleifender Kupplung aus der Garage. Das blieb auch so für 4-5 Minuten, bis der Wagen Betriebstemperatur erreicht hatte und man normal fahren konnte. Krank!

Als Henry dann mit einer Herzoperation ins Krankenhaus kam, hat Martin den Wagen abgemeldet.

Henry's Gesundheit war stark angegriffen. Aber wen wundert das? 80 Jahre harten Alkohol, Zigaretten, ungesunde Ernährung und wenig Bewegung zollten ihren Tribut. Einmal waren wir mit ihm im Maredo essen. Plötzlich griff er sich an die Brust und fing an, zu keuchen. Wir brachen das Treffen ab und brachten ihn erst mal nach Hause. Im Auto keuchte er, als ob sein letztes Stündchen geschlagen hatte. Zuhause aber setzte er sich in seinen Sessel und rauchte erst mal eine Zigarette. Katastrophal!

Jetzt, ohne Auto, musste Ida ihn immer in den Garten fahren, der immer mehr zu einem Gulag wurde.

Er erledigte immer noch Kleinigkeiten im Garten, aber der verfiel immer mehr. Er war dann auch inkontinent und lief immer mit einem Urinbeuten an seinem Gürtel herum. Das Gartenhaus war zu der Zeit verwahrlost. Alles stand herum, alles war unglaublich dreckig. Auf einer Anrichte am Fenster stand eine uralte Plastikschüssel mit uraltem Wasser??, auf dem Seifenreste schwammen. Vorne an die Anrichte hatte er sich eine Klappe gebastelt, das war sein Esstisch.

Henry kochte immer noch gerne Suppe entweder auf dem uralten Kohleofen oder auf einem kleinen Gaskocher. Und die aß er dann auf der kleinen Klappe. Dabei ließ es sich nicht vermeiden, dass Suppenspritzer auf die Klappe fielen. Die wurden dann wohl zeitnah von den Mäusen beseitigt, wie man an den Mäuseköttelln gut sehen konnte. Und so sah man oft einen gebrauchten Suppenteller auf der schmutzigen Klappe mit der Mäusescheiße stehen. Ekelig!

Henry kam aber dann auch immer häufiger wegen seiner Herzprobleme ins Krankenhaus. Und wieder raus. Und wieder rein. Eines Tages bekamen wir dann den Anruf, dass er ins Vinzenz-Krankenhaus gebracht worden war.

Offensichtlich hatten direkt mehrere Organe den Geist aufgegeben. Als ich dann hinkam, war er bereits tot. Todesursache: Erstickung an seinem eigenen Erbrochenen. Kein schöner Tod.

Wir organisierten dann die Beerdigung und begruben ihn auf dem Nordfriedhof, wo schon meine Oma lag. Aber damit war die Geschichte noch nicht vorbei. Ich weiß noch, wie wir an dem Abend bei Freunden waren und dann gegen Mitternacht im strömenden Regen nach Hause gingen.

Es muss um die gleiche Zeit gewesen sein, als Fremde auf dem Nordfriedhof die Totenruhe gestört und das frische Grab wieder geöffnet hatten. Sie hatten den Sargdeckel eingeschlagen, mehr ist aber nicht geschehen. Der Friedhofsdirektor meinte, dass die Aktion lebensgefährlich gewesen sein muss. Das Grab war ein Doppelgrab: man hatte Henry sehr tief begraben, weil später unsere Mutter noch dazugelegt werden sollte. Und so eine Grube auszuheben ohne die Wände abzustützen sei schon bei trockenem Wetter gefährlich. Aber bei dem Regen……

Kehren wir zurück zu Ida. Sie hatte immer ein kleines Leben gelebt. Henry hatte das Geld und regelte alles. Sie war zuständig für den Haushalt und die

Kinder. Sie bekam „Haushaltsgeld" abgezählt und wahrscheinlich auch ein kleines Budget für Kinderkleidung etc. Das Haushaltsgeld wurde, wenn Henry mal auswärts aß und so seinen Nahrungsanteil nicht verbraucht hatte, entsprechend reduziert. Ida wollte gerne arbeiten gehen und was dazuverdienen, um eigenes Geld zu haben, aber das wollte Henry nicht.

Nachvollziehbar, wenn man seine Denke kennt.

Aber dann, in den 60igern, ergab sich eine Möglichkeit, als Garderobiere in der Weinwirtschaft zu arbeiten. Henry machte damals da auch Musik und so konnte seine Frau quasi unter seiner Aufsicht arbeiten. Das war ok.

Ida machte das 1-2 Abende in der Woche und lebte von dem Trinkgeld. Und das floss reichlich!

Aber Geld einteilen war nicht ihre Stärke. Ich kann mich gut erinnern, dass wir Kinder oft morgens einkaufen gingen: Eine Ernte23 (Zigarettenmarke), eine Bildzeitung, 4 Brötchen und 4 Hefeteilchen. Unser Frühstück. Und das kauften wir oft mit den Worten: Die Mutter bezahlt morgen. Dann wurde angeschrieben.

Das geschah oft, wenn Henry ein Engagement in einer anderen Stadt oder in einem anderen Land hatte. Dann schickte er das Geld und das dauerte auch schon mal ein paar Tage, bis es hier ankam.

Ida hatte ihre Träume. Eine gute Freundin von ihr war Amara. Amara lebte auf der Sonnenseite. Sie hatte Fritz geheiratet, einen wohlhabenden KFZ-Sachverständigen. Der war sehr großzügig und so hatte Amara viele Designerklamotten und fuhr abwechselnd einen Opel Kapitän und einen Porsche. In einer Zeit, in der Henry noch sein Motorrad mit Beiwagen hatte.

Amara versorgte Ida mit gebrauchten Schuhen und Anziehsachen und machte mit ihr zusammen dann aufgebrezelt Cafés und Gaststätten unsicher.

Später dann bekam sie einen Job bei einer Düsseldorfer Modefirma. Jetzt wurde sie selbstbewusster und kaufte sich sogar ein Auto. Erst eine Ente mit dem Namen Klaus-Dieter, dann noch eine und dann ihr Traumauto: einen VW Karmann Ghia.

Ein flaches 2-Sitzer Coupé. Sie kleidete sich immer modisch-elegant und fing an, eine Liebe zu schönen Möbeln zu entwickeln. Sie kaufte alte Schränke und Tische, während Henry anfing, sie mit Schmuck und Pelzen zu behängen. So ausgerüstet zogen die beiden dann um die Häuser und präsentierten sich in den Kneipen.

Sie hatte noch verschiedene andere Jobs beim Institut für Curriculum-Forschung und bei einer Firma, die Insekten hinter Glas als Wandschmuck verkauften. Sie machte das bis zu ihrer Rente und fing dann an, bei unserem Bruder Martin im Büro auszuhelfen. Anfangs machte sie noch Besorgungen, fuhr zum TÜV oder zur Zulassung aber dann war sie die Empfangsdame / Telefonistin in Martins Autohandel.

Der Job wurde unregelmäßig bezahlt, aber sie war froh, gebraucht zu werden und genoss die Kontakte mit den Kunden und Partnern.

Schlusswort

Brüder. Diese Stories über meine Brüder Michael und Martin waren schwierig zu schreiben. Ich habe mal eine Autobiografie geschrieben, das war sehr viel einfacher, weil ich nur über mich schreiben und berichten musste.

Die Geschichte über meine Brüdern dagegen war sehr viel komplizierter.
Zum einen: ich kenne sie zwar, aber wie deren Leben verlaufen ist, weiß ich nur rudimentär. Mit Michael war ich sehr verbunden in den ersten 30 Jahren. Wir haben zusammen in der Pubertät und sind zusammen erwachsen geworden. Aber spätestens dann gingen unsere Wege auseinander. Bei Michal kam noch dazu, dass ihr eine Tochter bekam, die ihn ziemlich beschäftigt hat.

Mit Martin habe ich viel Kontakt gehabt, als er in der Schule oder in der Ausbildung war, als er dann begonnen hat, sich selbstständig zu machen, sind auch unsere Leben auseinandergedriftet.

Daher gibt es in der Geschichte riesige Lücken, und in den Phasen weiß ich so gut wie nichts über meine Brüder. Heute treffe ich Michael recht häufig und weiß deshalb deutlich mehr, was er in diesen Tagen treibt. Martin ist immer noch weit weg.

Zum anderen komme ich auch immer wieder durcheinander, weil ich auf dem Weg, das Leben meiner Brüder zu beschreiben, immer wieder auf meines zurückkomme, weil das natürlich parallel dazu verlaufen ist. Mein Ziel war es aber nicht, irgendwelche Geschichten über mich zu erzählen, sondern eben über das Leben meiner Brüder. So habe ich beim Schreiben öfter mal ganze Absätze oder sogar Seiten wieder löschen müssen.

Aber es hat Spaß gemacht. Hiermit beende ich dieses kleine Projekt und schließe es erst mal ab. Ich werde in ein paar Tagen 70, Michal wird im Juni 72 und Martin wird in wenigen Tagen immerhin auch schon 59 Jahre alt. Ein langes Leben, in dem viel passiert ist. Und dem kann ich beim besten Willen nicht gerecht werden.

Warum habe ich nicht meine Brüder gefragt? Die hätten mir eine saubere Timeline liefern können. Aber nein, ich wollte mich ausschließlich in meinem Gedächtnis bewegen, und mehr ist da nicht drin.

Inhalt

Vorwort	5
Micha	6
Jobs	27
Autos	47
Wohnungen	60
Partner	70
Hobbies	80
Urlaub und Reisen	98
Martin	101
Jobs	107
Autos	130
Wohnungen	137
Partner	141
Hobbies	148
Urlaub und Reisen	154
About unsere Eltern	161
Schlusswort	180

Bibliographie

Snapshots

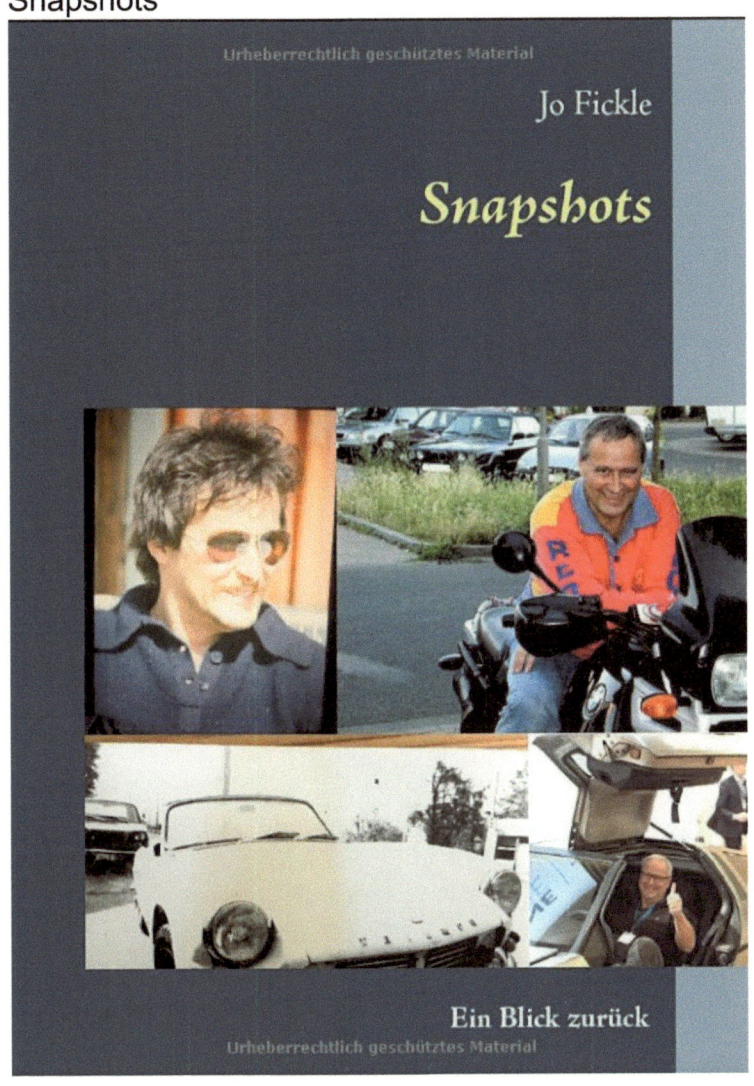